错误的正确

孟云剑 著

文汇出版社

妙趣横生的经典博弈

前　　言

> 有时，一个句子用适当的速度读，就能理解，我的句子则应该慢慢地读。
>
> ——维特根斯坦

　　世界上很多原本简单的事会变得越来越复杂，这可能是因为事件的参与者越来越多而自然地引发出复杂性，也可能是因为有人想说清楚这些事却越说越乱，从而显得很复杂，以至于令不解其意的人被说明文字或语言搅得错以为事情本身复杂得超出了自己的理解范围，结果但凡遇见此类事就干脆"避之唯恐不及"。面对这样的情况，有人试图以浅显的语言表达，却又失之浅薄。

　　将了解原始人的行为方式理解为掌握了所处时代的行为心理学是一种很可爱的状态，不过这种可爱有点可怜罢了。

　　博弈论是很有趣的，但并不意味着它很简单，仅仅是猎奇式地将众多博弈故事堆砌在一起同样是种可怜的可爱。这就像教孩子学拼音，不停地重复 a、o、e，虽然孩子已经能把拼音表从头念到尾,却还是不知道该如何拼拼音,这是因为孩子还不会拼音的规则。这种事不能怨孩子,因为他们没有从师长那里获得正确的方法,当然不知道该怎么做。

要想让博弈论爱好者获得一点研究博弈论的基础,那就不仅要将这门学科的 a、o、e 讲清楚,还要把声母、韵母,以及声母和韵母的关系、拼音的规则都讲清楚,否则就会又成一堆没头没尾的故事。

阅读严肃的博弈论学术文章当然会有难度,因为并不是每个人都已经掌握了基础知识,也不是每个人都已具备看懂的能力。更别说专业性决定了大量的数学公式、定义的出现,这几乎令大部分爱好者止步于博弈论门口——可是这不应该成为阻挡人们的理由!

如果知识的发展竟是语言无法描述的,那一定不是人类所为。

在过于简单和过于复杂的两端之间还应该有一个连通的状态,那是从"有趣"到"学术"之间的一座桥梁。它可以把人们的爱好、兴趣引向真正的目的地,而不是始终在"有趣"一边徘徊。架起这座桥梁,用大家能接受的语言将博弈论描述到大家愿意接受的程度和范围是可行的、可能的,也是可爱的吧。

阅读这本书的读者需要两个条件(看,已经开始进入博弈的状态了),一是对博弈论感兴趣,二是具有一定的意志力。前者保证不至于把自己看睡着,后者保证能把此书看完。也许这两个条件对疲惫的人们来说略显苛刻,可是,如果单是想看带点心灵鸡汤式小感悟的故事,完全可以在书店上找到其他的合适书籍。

本书的出发点是要比较系统地完成对博弈论基本概念和理论的解析，不再限于搜罗一些不明不白的小故事，并且要以专业书籍为理论依据，逐步地、较完整细致地阐述博弈论的基本知识。但会将专业术语表述得更通俗一些，对数理方面思想的表达更重于精神而不在其数理形式，并结合经典与现实的案例分析理论的具体含义，不过试图在此书中寻找并无特殊意义的博弈小故事的愿望可能不会得偿。

最后希望这座桥梁是坚固而有效的，足以令人们跨过"有趣"与"学术"之间的鸿沟。

目　　录

前言／ 1

第一章　博弈：基本要素／ 1

1　对弈：赌博游戏／ 3

2　规则：为什么会有人服用兴奋剂／ 9

3　遗产分配之谜与争夺大衣原则／ 12

4　田忌赛马／ 17

5　帽子颜色之谜／ 21

6　猜猜谁逃课／ 30

第二章　玄虚：完全信息静态博弈／ 35

1　模型：囚徒困境／ 37

2　策略：斗鸡博弈／ 44

3　精简：朋友博弈／ 48

4　不公：智猪博弈／ 53

5　小智：小偷—守卫博弈／ 59

6　猫鼠：收税—逃税博弈／65
　　7　合作：狩猎博弈／69
　　8　敌友：信任的变量／76
　　9　管吗：公德博弈／83
　　10　利益驱动：篱笆博弈／91
　　11　想富：修路模型／97
　　12　非地：公地的悲剧／101
　　13　规范：模式发展／107

第三章　寻找：完全信息动态博弈／111
　　1　扩展：海盗博弈／113
　　2　市场：抢占先机的博弈／121
　　3　先机：医患博弈／130
　　4　承诺：要挟诉讼／134
　　5　连锁店悖论／138
　　6　多足的蜈蚣：重复博弈／141
　　7　好坏：策略转换／144
　　8　未知：囚徒困境的策略应对／149
　　9　合否：高考博弈／157
　　10　交换信封／165
　　11　谈判博弈／170
　　12　砍价：劳资博弈／175
　　13　出价：讨价还价博弈／183

第四章　梳理：不完全信息静态博弈 / 189

1　谁来制订规则？/ 191

2　自然：海萨尼转换 / 197

3　选择：贝叶斯模型 / 203

4　争夺：肯德基的优惠券 / 211

5　机制：规则设计 / 215

第五章　不易：不完全信息动态博弈 / 219

1　颤抖手的抖动 / 221

2　情感 / 226

3　信号博弈 / 233

第六章　理性：结语 / 239

后记 / 243

参考文献 / 246

第一章
博弈：基本要素

> 我们不应停止探索。
> 探索的终点将到达我们的起点。
> 此时，我们将第一次真正
> 了解自己脚下的这块土地。
> ——T·S·艾略特

1 对弈：赌博游戏

"弈"在旧时指围棋，对弈就是两个人在下围棋。中国古人发明的这个"弈"不仅益智还怡情，无论是文学作品还是典籍记载，但凡提及老神仙们逍遥于山林之际，这个对弈都是不可免的一段佳话，甚至一局棋下个几世几劫的也有，当然，这些非凡人所能窥测的场景是否源自古人对神仙生活的向往而杜撰，我们就不做过多揣摩了。不过，即便是身在五行外，不在红尘中的老神仙们对弈时也要有个基本态度——就是要赢嘛！这与神仙的修养无关，其实是"弈"的特点所决定的，否则对弈也就没了乐趣和魅力。博弈的"博"不是搏斗的"搏"，而是赌博的"博"，所以博弈要研究的是在"弈"中的较量，是博弈的人相互揣测对方的想法，他们的对抗更多地在于预测和判断。

在对弈者的基本态度中必须排除一些情况：比如其中一方因不可告人的目的而故意输给对方；其中一方已经输了无数局无获胜希望，胜利一方起了怜悯之心，故意让棋；诸如此类。我们要讨论的是双方以赢棋为目的的情况，即对弈者的基本态度是非合作的。当然，他们在下棋这个事件上是要合作的，否则就不会有对弈这个事件发生了，不过这是对弈发生的基础而非本质，正如吃饭是人活着的基础但不是人活着的本质一样。两人比赛"谁能输"的情况与"谁能赢"是一样的,只是规则有区别而已。

我们先来看古时一种非常有趣的赌博游戏。

在古代,赌博常常发生于餐馆、茶座一类的休闲场所,在场地的中间有舞台表演各种小节目,而有一种赌博游戏就是:庄家在舞台幕后将一个红牌儿或黑牌儿放于竹篮之中,赌客在前台押红或黑。押中赌客赢,押不中庄家赢。旧时流行于东南沿海民间的一种赌博游戏"花会"或"字花"与此类似,清朝道光年间的著名国学家俞樾曾在笔记中记载浙江黄岩县的花会:"黄岩县中盛行花会。花会者,书三十四古人名,任取一名,纳之筒中,县(悬)之梁间,名曰作筒。主之者曰筒官。人于三十四名中自认一名,各注钱数投入匿(柜)中,谓之纳花会。所认之名适合筒中之名,则筒官如其所注钱数,加三十倍以酬之;不中,则如所注之数入钱于筒官。"——如果不中当然就是输了,输的是自己的投注钱数,而赢了却有 30 倍之多,这么多的倍数当然是因为所书人名多达 34 个之故。"花会"俗称"抄家赌"或"家常赌",这是因为周围百姓不论男女老少、贫富贵贱都趋之若鹜。看来中国的博弈论"研究"不仅有悠久的历史,而且还有很深的群众基础呢。

这一次要说的花会是一场很特殊的案例,堪称赌坛的经典一战。

第一次双方过招应该说是没什么玄机的,庄家出红或黑的可能各半,赌客押红或黑的可能在没有参照的情况下也相当(参照是指之前曾对该庄家有所关注和考察等)。从第二次开始就会有问题了,如果第一轮被猜中的多,庄家就开始想:"我是不是该变?"其实,被猜中的少也同样面临这个问题。问题的复杂性还没完,因为庄家和赌客都必须考虑对方在想什么，尤其是他们都知道彼此都知道对方也知道自己知道对方知道自己知道对方……这个循环很有必要，后面再说。从这里才能看出一点博弈的影子。

可是，今天这个庄家犯病了。

在13次赌局的前12次，庄家竟然连续12次出的都是红牌儿！这怎么可能，这完全是疯了——庄家疯了！可是，他偏偏就这样出了。

可怕的第13次呢？赌客们有的仰天发呆，有的捶胸顿足，有的闭目沉思，有的痴痴呆呆，这一战看来注定要在人们心中刻下一道难忘的痕迹了。大概许多经历者的感慨甚至还要多于对输赢的计较吧，毕竟这绝世的场面在现实中出现的可能性微乎其微。

彼此猜测较量了一番之后，赌客猜庄家今天有问题，押红！庄家迟迟不出手，赌客的心都悬了起来，这种等待不啻在热锅上的煎熬，漫长的等待……

结果呢，黑！

大赚一笔的庄家真是高人呀！不过，下这个判断前还要等等，先来看看幕后的是非——老板都有点纳闷，今天这个"老算计"怎么超常得厉害？跑去幕后一看，大吃一惊，原来"老算计"真的犯病了，已经奄奄一息，哪里还能与赌客们斗智斗力？他身边的小助手根本不懂什么博弈，手足无措连放12次红牌儿，到最后一次，手忙脚乱将红牌儿扔到桌子底下半天找不出来，看看还有一个黑牌儿，就随手放进竹篮给拿出去了。

老板一面为"老算计"这把博弈好手的奄奄一息可惜，一面又为不按常理出牌的随意着迷，竟有些领悟了其中的制胜之道——即"乱来"。不过他的这个结论下得有点早了，经不起推敲。

在庄家犯病之前是符合博弈论的研究要求的，而之后的发展却超出了其范围。因为那条"知道"的链条断了，小助手懵然无知，当然这不能怨他。不过这次庄家大胜是由于赌客的判断犯了根本性的失误，即他们把对手当成熟知博弈的老手"老算计"了。虽然"老算计"的精明之处正在于"不按常理出牌"，不过那是在一个常理范围内的"不按常理"，而不是"乱来"，这里说的常理范围其实说的是——理性。

对弈双方的理性要求是博弈论的前提之一。试想下棋的人都是一群神志失常的人，会是什么局面？大概也不会有人认为那是在切磋棋艺吧。进而，一个能思考到"知道"链条的人不仅是具备理性的，甚至还是专家级的。

说那位老板的感悟为时过早，就是因为这不具备长久性，"乱来"即非理性的出牌方式不是彼此博弈，而是赌概率，这就不是该游戏的引人之处了，换句话说，赌客还不如去掷骰子，而研究骰子的学问是概率论的事了。

可见，任何一个学科都有其研究范围，由上可知，博弈论研究的博弈要求博弈方必须是理性的主体，甚至还要是专家级的。不过这里的"专家级"并非一定要求都是博弈专家才能研究博弈问题，如果是这样，就不会有博弈论的专家了，因为学问都是人通过后天学习得来的，之前都不是专家。"专家级"仅仅是对博弈论所研究的博弈问题中参加博弈的双方（人数最少保证两人）或多方的理论假设，而不是对研究者、爱好者的要求。可以这样理解理论假设：在缺乏该假设的情况下,很多博弈的过程将无法展开。

随后的例子中,有趾高气扬的大公鸡,有聪明睿智的小肥猪,还有爱玩游戏的孩子们,这些参与者当然不是"专家级"的,但是如果不假定参与者是"专家级"的主体,那么博弈又该如何进行下去呢?

假定博弈主体是理性者其实是一个理论前提,现实中并不存在没有情感而绝对理性的人——暂时不考虑机器人的行为,虽然它们已经打败国际象棋大师了,但对于博弈,它们可能还没做好准备。想要充分理解博弈论的内容,就要记住这一理论的前提假设。

其实,对博弈的研究古已有之,不过古人把博弈与人之道德密切联系在一起,这也不能不说是别开生面了。三国时号称"东吴第一史家"的韦昭(《三国志》中作韦曜),因为认为围棋是不务正业,挥笔写下一篇《博弈论》,其中有这样的句子:"以变诈为务,则非忠信之事也。以劫杀为名,则非仁者之意也。""变诈"和"劫杀"是指下棋的思路和手法,而"忠信"与"仁义"是儒家的基本概念,古人将对弈上升到忠信、仁义的高度,不能不令后人多一分惊叹,原来古人的研究范围还是相当宽泛的,只是关注点与今人不同罢了。

而现代公认正经的博弈论诞生标志是1944年冯·诺伊曼(John Von Neumann)和摩根斯顿(Oskar Morgenstern)合著的《博弈论与经济行为》(Theory of Games and Economic Behavior)——其实博弈论的研究对象早已存在,中国的"田忌赛马"即是一个典型例证——以这本书作为博弈论诞生标志的原因是它的系统化、理论化,用专业点的话说就是:此书建立了不确定情形下的效用函数公理体系。实际上它是将数学方法(尤其是数理逻辑)带入了经济和社会研究领域,并得出了有益的结论、产生了新的数学结果。在此基础上,博弈论开始走上自身发展的坦途,这是一个学科发展到一定阶段可以单独成为学科的根本,在此意义上,《博弈论与经济行为》是担得起诞生标志的殊荣的。而其所具有的另一个深层意义是:自然科学与社会科学之间的鸿沟并非没有连通的可能。

简单点说,博弈是双方或多方相互较量的意思。但博弈论并不是一概地研究所有的较量,而只是研究其中有特殊属性的一部分。接下来我们就一一揭示这些属性,从而明确博弈论要研究哪些"较量"。

2　规则：为什么会有人服用兴奋剂

博弈论来源于对游戏的分析，单从冯·诺伊曼《博弈论与经济行为》那本书的英文书名大致也能看出，Game就是游戏的意思，看来真应了"人生即游戏"那句话，社会、经济行为原来也差不多。

可是博弈论为何要排除现实中可能出现的一些"对弈"情形呢？为何要局限于其中的一部分，甚至是很小的一部分？它还具有现实性吗？

现实性显然是有的，书中的例子都是以现实为蓝本构建博弈模型的，之所以局限于一部分而不是全部"对弈"现象，至少有两个原因：一是不能祈求人类用一个理论来解决所有的现实问题，不能用博弈理论解决非博弈问题；二是至今博弈论还无法解决所有的博弈问题，所以必须有所限定，前提假设也是由此而来。在后面的分析过程中，我们对这一点的体会会越来越深，并了解前提假设的必要性和现实性，我们还会体会到，正是随着博弈的前提假设的减弱，而令博弈问题越来越深入，也越来越复杂。大概还有一点可以考虑，就是学问要由浅入深，慢慢来，从现实到抽象再回到现实，反复几个回合逐渐逼近现实，这是从研究方法来看。

上文提到一些需要排除的对弈局面之所以不在博弈论的考察之列，原因在于它们没有遵循规则。大家都知道，游戏是必须有规则的,否则就没法玩了,那么研究游戏的理论自然是要在具备规则和遵循规则的前提下来进行的,否则当然不在研究之列。也许附加的"故意输给对方的条件"使其成为社会学研究的问题也未可知。

从假设的前提也能看出,假设正是要排除一些不相干的实例。

现在我们对博弈论的理解大概能清晰一点了:博弈必须具备参与者(虽有点像废话但还是严谨点),必须有规则,参与者要知道规则,参与者对规则的掌握和利用都是专家级的,参与者知道彼此知道彼此知道……彼此不仅知道而且掌握和利用该规则,参与者是理性的。

作为"参与者是理性的"这一条件的一个推论可能是大家更容易理解的说法,即参与者的目的是获得符合规则的最优结果。反之,如果某一参与者不是寻求规则下的最优结果,那么此参与者要么不是理性的,要么是违反规则的,总之这时他的行为或决定就不属于博弈论的研究之列了,也许在行为心理学里能为他找到一个位置。

这里要研究追求最优结果的现象,从而大家明白了作为参与者的博弈方也是有条件限制的,即参与者必须是完全为利益驱动的利益人。注意,这里的利益人并非指唯利是图之辈,这里的利益范围是宽泛的,实际上就是表示参与者不会谦让对手,而是求得自身的最佳结果,这也是理性人的必然选择。

之后,如不特殊说明,博弈就单指博弈论范围之内的,而不是一概泛指。

额外讨论一下"理性者是否会违反规则"的问题。理性者难道不会做出违反规则的事吗？当然会，比如作弊，可是这难道不是非常理性地追求最优结果的办法吗？为什么又把违反规则视为参与者"不理性"呢？举个例子也许大家更好理解，每年世界各地都在举行各种体育比赛，而每次比赛，组织者都会在兴奋剂问题上与运动员斗智斗勇，作弊的结果诸如取消成绩、停赛等，这些惩罚要是远大于获得成绩所带来的利益的话，选择作弊就是得不偿失，这时将作弊者视为不理性者可能更合适。

但现实中总有人铤而走险，那是因为他们明白冒险所带来的好处远远大于可能受到的惩罚，作弊是值得的。而且非常明显，他们通过冒险获得好处一定不是来自比赛本身，因为惩罚一定大于比赛获胜所带来的好处——也就是说，铤而走险是因为有比赛之外的额外利益。那么此时的作弊不再是违反规则，而是进入另一个范围的博弈，并且作为参与者的当事人是非常理性的。如果获得一个冠军头衔可以为参与者带来 100 的收益（可以是但不限于金钱，100 仅代表一个量化的收益），而获得亚军或者干脆没有名次就什么都没有，并且如果服用兴奋剂，他有很大可能获得冠军，而不服用兴奋剂，基本上不可能获得冠军，而作为惩罚的取消成绩、罚款、停赛所带来的损失共计 50，那么参与者冒着被查出的风险服用兴奋剂显然就不是疯子的想法。

但如果仅限于一个单一的博弈规则，比如上面说的比赛的全部收益就是来自赛场，那么违反规则一定不会得到最优结果，此时违反规则的参与者就不理性了。

3 遗产分配之谜与争夺大衣原则

在犹太教法典《塔木德》(Talmud)中列举了很多司法案例，其中《妇女部·婚书卷》记载了一个遗产分配的问题。

> 一个人有三个妻子，我们按从大到小的顺序依次将她们称为甲、乙、丙，他在婚姻合同中为妻子们所列的遗产分配方案是：甲 300 单位货币，乙 200 单位货币，丙 100 单位货币。《塔木德》中所给出的解决方案如下：若此男死后遗产仅 100 单位货币，三人平分；遗产为 300 单位货币时，分为 150、100、50；遗产为 200 单位货币时，分为 75、75、50。

由于遗产分配中给出的是具体数值而不是相互关系，所以除非遗产正好是 600，或者 100、200、300 时，每人按照分配方案得到自己应得的一份，否则必须有一个分配原则。在法典所列的三种情形中似乎很难找到一致之处——第一种情况是平分；第二种似乎是按比例，这与遗产分配方案看似最接近；第三种是怎么分的—

时还不明朗,但明显与前两种分法不同。令人疑惑之处就在这里,如果是这样随意的分配,岂不是丧失了法典的威严,也失去了《塔木德》智慧之书的美名?而且作为理性者存在的利益各方也不会认可这一结果的。但是书中并未解释所依据的相关原则。

对于这种混乱的前后"不一致"的猜测持续了一千多年,直到1985年这一问题才得以解决。

罗伯特·奥曼(Robert John Aumann)是一位拥有美国和以色列双重国籍的犹太裔经济学家,以色列耶路撒冷希伯来大学合理性研究中心教授。1985年,他与别人合作一起解开了这个遗产分配之谜。他们的论文发表在《经济理论杂志》(*Journal of Economic Theory*)上,题目是"《塔木德》中破产问题的博弈论分析"(Game-theoretic Analysis of a Bankruptcy Problem from the Talmud)。奥曼在他75岁高龄时,也因为"通过博弈论分析改进了我们对冲突和合作的理解"而与他人一起分享了2005年的诺贝尔经济学奖。

在解决这个千年之谜之前,我们先来看一下《塔木德》中记载的另一案例——争夺大衣的案例(《塔木德·损害部·中门卷》)。

> 两人捡到一件价值200元(单位货币)的大衣,各不相让,均称大衣归自己所有。(这里并不考虑是否归还大衣原主人的问题,而单指争夺的结果认定问题,或者可以暂时假

设大衣乃无主之物。)案例的结果是:判定各取一半,每人获得100元。但具体如何处理,是将大衣一分为二(这样可能降低大衣的原有价值,不过分配仍是均等的),还是其中一人以货币形式支付给另一人以便获得大衣并未细说,当然具体处理的办法并不属于博弈案例要讨论的内容。

可是如果一人,比如甲方声称大衣归自己所有,而乙方声称大衣的一半归自己所有,又将如何判决呢?

粗看似乎与前面的一样,都是获得大衣的一半嘛!但这个前提的改变使结果发生了细微的变化。如果按照比例关系呢,甲与乙的比例为二比一,那就是甲得到2/3,乙得到1/3,可结果是,甲获得150元,乙得50元,按比例成了甲得到3/4,而乙只得到1/4。这是什么原因呢?

现在就来分析这一案例所依据的原理:乙方声称一半归自己,也就是说对另一半归甲方没有异议,存有争议的只是大衣的一半,那么对甲方来说,其中的一半没人争,归自己,而所要争取的也是剩下的一半,对于有争议的部分再按平均分配的原理,那就是再得到一半中的一半,结果就是:甲方获得 100 + 50 = 150 元,乙方获得 50 元。

这个案例中所遵循的原则被称为"争夺大衣原则"。单看此案例,似乎是谁声明的越多,所获利也越多,实际上,这个案例只是表明了一个判决的原理。现实问题中,并非任何一方都有任意声称自己利益的权利,而是如何保证结果同时能够令各方满意,即所得与所失是公平的、各方均可接受的。

这在商业行为中尤为明显,如企业重组、合并、破产、社会分配等过程中各方的资产损益分配。

这个既不是完全按照均分原则,也不是按照惯有的比例原则进行分配的争夺大衣原则,是否也能作为分析遗产分配问题的依据呢?

为了表述方便,我们将三个妻子从大到小称为甲乙丙。第一种情况,遗产为 100 时,按照婚姻合同所说,三人都会认为这 100 属于自己,那么这 100 属于有争议的部分,最终三人平分,符合法典的解决方案。

第二种情况,遗产为 300 时,甲方会声称都是自己的,乙方只能声称其中 200 是自己的,而丙方只能争取其中的 100,也就是说,三人共同争执的部分是 100,甲乙争执的是 100,还有 100 无争执的归甲,结果是:甲 $100 + 100/2 + 100/3$,乙 $100/2 + 100/3$,丙 $100/3$,与法典的结果不同。

第三种情况,遗产为 200 时,三人争执的是 100,甲乙争执的是 100,结果是:甲 $100/2 + 100/3$,乙 $100/2 + 100/3$,丙 $100/3$,也与法典的结果不同。

难道争夺大衣原则并不适用这个案例?我们不妨先换个角度再看第二种情况。遗产为 300 时,甲声称都归自己,乙和丙则可以联合起来声称 300 正好归她们两人,这时就是甲与乙丙相对,作为争夺的双方各分 150,而接下来在乙和丙之间又对剩下的 150 中的 100 有争议,乙先得 50,有争议的 100 则各得 50,结果是甲 150,

乙100,丙50,与法典一致。实际上,这个过程可以分解为两两互争,而不是三人同时争议。

换一种等价的说法,丙无论与甲还是与乙争执,所得都该是50,而剩余的250在甲乙之间只有200有争议,50归甲没有争议,所以每人100,结果仍然是甲150,乙100,丙50,与法典一致。

照此来看,第三种情况,遗产为200时,丙同样要获得其中的50,剩余的150在甲乙之间有争议并均分,则各得75,与法典的结果相同。

通过对这个案例的分析,争夺大衣原则的内涵得以揭示,即这一原则保证了两两之间的争执均符合该原则。事实上,也只有这样的分配方案,才是各方均能满意的最优结果,因为每一方在与其他所有方的争执当中都得到了自己可能得到的最好结果。

这一案例很好地揭示了博弈的几个条件及其必要性:参与者、规则、专家级、最优结果等,而彼此知道、理性、专家级在下面还需进一步强化,因为它们的确很重要,多强调是不会错的。

4　田忌赛马

在遗产分配问题中,三方的利益是相互冲突的,但在获得遗产这个事件上,三方又必须彼此合作。婚姻合同是合作的基础,因为有合作的基础,才能形成有效的判决,又因为利益相互冲突,才有依据争夺大衣原则做出分配的方案。

彻底的、完全的合作是无法构成真正意义上的博弈行为的,即利益完全一致时,其实质是合多为一,那么在实际研究中可将这"多方"视为博弈的单独一方。由此可见,博弈论中所说的合作博弈并非研究完全意义上的合作行为,而是研究那些在博弈过程中参与者之间能够达成一个具有约束力的协议的博弈。正因如此,并非所有的研究者都承认"合作博弈"的存在,因为参与者达成协议的过程本身就只能是一个非合作的博弈过程。虽有这样的相互纠葛,但我们通常仍将博弈问题分为"合作的"和"非合作的"。虽然研究上以非合作博弈为主,但对合作博弈的研究也并未淡去。

遗产分配问题就是一个具有有效约束协议的合作博弈,从案例分析中可以看出,问题的实质是如何分配得到的收益,因而合作博弈探讨的根本点是收益分配问题。在遗产分配问题中,判决还可以更加简洁,比如就按比例关系确定分配方式,如果法律以此为判决依据也无不可,但是《塔木德》中为何偏要弄出一个并不明白易晓的争夺大衣原则呢？原因在于,如果不是利用争夺大衣原则,那就只能保证当事人接受结果而并不一定是"情愿"接受,而利用该原则的结果是各方都无话可说,这正是博弈模型建立的现实根基。

"争夺大衣原则"正是遗产分配问题的合作博弈模型的核仁(合作博弈的重要概念之一)。失去该原则的分配使遗产分配问题成为简单的司法案例,而无法进入博弈论的研究视野,同样也不会有上千年引人入胜的魅力了。

与之相应,无法达成有效约束协议的非合作博弈中,参与者追求的是个人利益最大化,但在整个博弈过程中,参与者是可以相互沟通、协商、谈判、承诺甚至威胁的,它的非合作性在于,这些试图建立的协议根本无法得以实施。因此,非合作博弈的实质是探讨如何获得最大利益,即策略选择问题,正如对弈的过程是对弈双方选择应对策略的过程。

在对弈中,有赢就有输,一方所赢正好是另一方所输,这种博弈称为零和博弈,在《博弈论与经济行为》一书中对此有过详尽的分析。有人由此引申出"快乐守恒定律":自己的快乐是建立在别人的痛苦之上的。但这种玩笑式的引申不如改个方向,引申到非零和博弈更有益,那么就可以得到"快乐递增定律"(大概有人会向相反的方向改变,成了"快乐递减定律"):快乐可以随着参与者的增加而增加(减少)。而非零和博弈在现实中大量存在,尤其是在经济活动中。零和博弈与非零和博弈都是建立在非合作的基础上,如此看来,非合作博弈的确能带来不少的乐趣。

出自《史记·孙子吴起列传》的"田忌赛马"是一个很好的非合

作博弈案例。齐威王与将军田忌赛马，孙膑为田忌献策："今以君之下驷与彼上驷，取君上驷与彼中驷，取君中驷与彼下驷。"结果呢，"既驰三辈毕，而田忌一不胜而再胜，卒得王千金。于是忌进孙子于威王。威王问兵法，遂以为师。"田忌以一输两赢最终赢得了比赛，而孙膑也进入了齐威王的视线。

这一案例中其实是附加了若干前提的：首先，齐威王的上、中、下等马分别略胜于田忌的上、中、下等马，所以按照上、中、下的顺序，田忌要输三场；其次，田忌的上、中等马要胜于齐威王的中、下等马，否则孙膑的策略不能成立，因为如果齐威王的中等马也比田忌的上等马跑得快，或者齐威王的下等马比田忌的中等马跑得快，齐威王还是会胜的；第三，必须约定最终输赢的标准是以三局两胜为赢。

在这个案例中，齐威王与田忌采取的策略是提前制定好的，在博弈过程中彼此没有影响，即齐威王和田忌是同时采取行动，或者虽然不同时，但后行动的人不能改变已有的策略，这类博弈称为静态博弈。而参与者的行动有先后顺序并且后者能获得博弈前一阶段的信息（部分或全部），从而对自己随后的策略加以调整时，就成为动态博弈了。

如果在比赛过程中可以更换赛马的出场顺序的话，"田忌赛马"就延伸为高级版的动态赛马故事了。虽然此时齐威王无法保证三场完胜的结果出现，但却可以在第二场的时候派出下等马输一场，而在第三场的时候派出中等马再赢一场，对阵表变成齐威王以上、下、中对田忌的下、上、中，输一赢二，聊胜于败了。

进一步，如果第一局齐威王以上等马赢了田忌的下等马，此时双方会相互猜测，田忌也可以设想齐威王会派下等马输掉第二局的时候，他会不会也改变策略，在第二局改派中等马呢？这个判断还真不好下！因为齐威王完全可能预料到这一变化，在第二局中继续派出自己的中等马，这次较量的确不那么容易了。

实际上，在"田忌赛马"的例子中，齐威王并不知道田忌背后有一个对兵法已掌握得出神入化的孙膑，那么他是处于信息不完全的状态，而田忌方的孙膑却是处于知己知彼的完全信息状态，对孙膑来说这是一个完全信息博弈，而对齐威王来说则是不完全信息博弈，吃亏是难免的了。

如果上面经过发展的高级版动态赛马进一步展开，齐威王知道田忌背后有个孙膑在支招，孙膑也知道齐威王知道自己的存在，并且在比赛过程中可以随时调整赛马出场的顺序，而且比赛场次再增加一些的话，那就成了一个完备的完全信息动态博弈了，那可就真的热闹了（场次多少并不影响此时的博弈类型，只是更加复杂）。

非合作博弈不仅是博弈论研究的主流方向，也是后文探讨的主要内容。静态、动态、信息的完全、信息的不完全，交叉成四类博弈：完全信息静态博弈、不完全信息静态博弈、完全信息动态博弈、不完全信息动态博弈。

5　帽子颜色之谜

聪明的犹太人还流传着一个"谁去洗澡"的故事：

甲问：有两个犹太人从高大的烟囱里掉下去，一个身上很脏，一个很干净，请问谁会去洗澡？

乙答：当然是身上脏的人！

甲说：你错了，身上脏的人看着很干净的人想：我身上一定也是干净的；很干净的人则想：我身上一定也是脏的。所以是很干净的人去洗澡！

甲又问：如果两人再次掉进高大的烟囱，谁会去洗澡？

乙答：是那个很干净的人。

甲说：你又错了，很干净的人在洗澡时，发现自己并不脏；而那个身上脏的人则相反，他明白了那位身上干净的人为什么要洗澡，所以这次他跑去洗了。

甲再问：第三次从烟囱掉下去，谁会去洗澡？

乙答：身上脏的人。

> 甲说：你又错了，你见过两个人从同一个烟囱掉下去，其中一个干净，一个脏的吗？
>
> 乙答：……

估计这个乙会很郁闷，不过他的被动不在于他不够聪明，至少第一问是这样。第一问他按照局外人的眼光看待问题，当然是身上脏的人要洗澡。他没有体会到故事里的人是有头脑的聪明人，因而也没去分析可能出现的结果。第二次的回答，是他没想到故事里的两人还能利用对方的行为判断出可能出现的种种状况。而第三次，甲的问答明显又是离开局内人的判断了。

如果乙的回答次序改变一下，当甲第一次问他时，他就以局外人的观察反问："你见过两个人从同一个烟囱掉下去，其中一个干净，一个脏的吗？"甲说："假定这件事已经发生了，请你判断一下"，可能乙就不会被问得如此狼狈了。

细心的人应该已经发现故事里还缺了不少用于判断的条件，比如，从烟囱里掉下来的两人只能看到对方而无法看到自己，才有甲的第一个解释，否则他们就不必通过看见对方是否干净猜想自己去不去洗澡了；甲的第二问其实隐含了一个条件，脏和干净的人与第一次相同，虽然这比第三问还离奇（一个干净一个脏已经很奇怪了，这里却要两次都是同一人脏同一人干净），如果两人的干净与脏互换的话，甲的第二个解释也不成立。如果是脑筋急转弯的题目，当然会有人针对第一问回答说："都不去，因为他们都摔死了。"

回到故事上来，原来缺失的条件被阅读者自己依据常识添加上去了，或者重在体会小故事体现出的大智慧，所以并未深究。的确如此，这只是一个体现犹太人智慧的小故事，这里我们简单加以分析是为了更好地理解博弈论中一个更精致的小故事——脏脸之谜。这个问题也有其他版本，如白帽子黑帽子，即帽子颜色之谜（the puzzle of the hats' color）。

抛开"谁去洗澡"故事中不严谨的部分，它的确反映了犹太人睿智、干练的品性，既有细致的观察分析能力，还有天马行空的想象力，虽然只是对甲而言。相比之下，脏脸的故事要更加严谨一些。

在没有镜子的情况下，每个人都无法知道自己的脸脏不脏，但能看到别人的脸。

现在有三个人，他们的脸都是脏的，如果现在让他们判断自己的脸是否脏了，三人只能相顾愕然，无从知晓。

可是如果此时有第四个人对他们说："你们三人中至少有一人的脸是脏的"，并按照一二三号的顺序让他们来判断自己的脸脏不脏，来看看结果。

一号因为看见二、三号是脏的，这符合"你们三人中至少有一人的脸是脏的"，因而无法判断自己的情况。那么对于二号呢？他会分析：一号无法判断的原因，只能是一号看见了二、三号符合"三人中至少有一人的脸是脏的"，但二号还不能判断自己的情况，因为他看见一、三号的脸的确是脏的，这也符合他们"三人中至少有一人的脸是脏的"这一条件。

那三号呢？首先，根据一号的表现，同二号一样，他知道自己与二号"至少有一人的脸是脏的",再根据二号的表现,他知道自己的脸是脏的,否则,如果自己的脸是干净的,二号就应该能根据二、三号"至少有一人的脸是脏的"判断出自己的脸是脏的,但二号没能做出判断,所以三号的脸一定不是干净的。

从三人相互愕然到第三个人能判断出自己的脏脸,其间有趣的事发生在第四人宣布的那一句话"你们三人中至少有一人的脸是脏的"。在第四人对他们三人宣布之前,他们各自都是知道这一事实的,因为他们都能看见其他两人的脸的确是脏的,但即便按照一、二、三号的顺序仍然无法得知自己的情况,因为此时"三人中至少有一人的脸是脏的"成为他们的知识,但也仅此而已,这一"知识"在此时还无法成为后面的参与者判断的依据,而仅仅是一个各自知道的事实。而当第四人当众宣布这一点后,看似多余的一句话却成了判断的依据。

由此看到,"三人中至少有一人的脸是脏的"作为"共同知识"出现后,使这一问题发生了巨大变化。每个人都知道一个事实和每个人都知道每个人都知道一个事实是完全不同的。这正是前面提到的赌博游戏中庄家和赌客之间都知道彼此都知道对方也知道自己知道对方知道自己知道对方……的那个循环。

那么,共同知识就是关于参与者对某种知识了解程度的一种描述,如果某种知识成为共同知识,就意味着每个参与者都知道它,并且每个参与者都知道每个参与者都知道它,每个参与者都知道每个参与者都知道每个参与者都知道它……即每个人都知道某事的无穷次重复。

共同知识假设是博弈分析特有的、很强的、重要的假设,如果没有这一点作为保证,比如循环若干次就停下来的话,我们很容易发现,当脏脸游戏的参与者人数很大时,游戏就会停止在循环次数终止的地方而无法继续。

当然,肯定有人已经发现,游戏的参与者都有很强的逻辑分析能力,这正是之前提到的参与者对问题的分析不会犯错,就像博弈论专家一样。而且这一点也是参与者之间的共同知识。如此一来呢,博弈就是在我们这样一群同质化的博弈论专家之间展开,所以博弈故事中的人都格外的聪明伶俐。

上面咱们通过案例认识了共同知识,但还有一个说明"共同知识"的经典例子有必要与大家一起来分析一下,就是那个关于帽子颜色的"谜题"(称之为某某之谜,大约是因为问题比较有趣味性,而并不是什么难以解开的谜,所以文中有时更愿意称之为游戏,与博弈的原初意思倒是更接近了)。

> 四个人在一起玩判断帽子颜色的游戏,其中有一人是旁观者,另三个人分别戴着或黑或白的帽子。三个戴帽子的人可以看到其他两人的帽子,但看不到自己的帽子。这个旁观者要做的是面对三个戴帽子的人宣布:"你们每人都戴着或黑或白的帽子,这些帽子中至少有一顶是黑的(或白的,道理一样),我慢慢数数。每次报数后,如果你知道了自己所戴帽子的颜色,请举手。"问题是,数到几时,有人第一次举手?注意,数的数是表示"至少有几顶黑帽子"。

这个问题要分多种情况。先来看第一种情况,三人中有一人戴黑帽子。当旁观者数"1"时,意味着,三人中至少有一顶黑帽子,那么戴黑帽子的那位因为看到其他两人戴的是白帽子,所以他就知道那顶黑帽子是自己戴着,于是他就会举手。就是说,只有一顶黑帽子时,旁观者数到1,就有人举手了。

现在看第二种情况,三人中有两人戴黑帽子。当旁观者数"1"时,没戴黑帽子的一人因为看到其他两人戴着黑帽子,所以无法判断自己帽子的颜色;戴黑帽子的两人因为看到一黑一白,符合"至少有一顶是黑帽子",因而也无法判断自己帽子的颜色。旁观者接着数"2",就在这瞬间,两个戴黑帽子的人同时举起手来!为什么呢?因为"至少有一顶是黑帽子"此时是三人之间的"共同知识",所以,戴黑帽子的人根据另两人中戴黑帽子的人在旁观者数"1"时没有举手而判断出,自己一定也是戴的黑帽子,否则,如果他戴的是白帽子,那个他看到的戴黑帽子的人应该在旁观者数"1"时举手。两个戴黑帽子的人都意识到这一点所以举手,理论上应该是同时(参与者都是同质的博弈论专家),而戴白帽子的因为看到两顶黑帽子还是无法判断自己的情况,所以不举手。就是说,有两顶黑帽子时,旁观者数到2,两个戴黑帽子的一起举手。

第三种情况,三个人戴的都是黑帽子。同理,三人在旁观者数到"3"时,三人一起举手。

这样分析,简单一看,是没什么问题的,大体与脏脸问题的分析方式雷同,也基本说明了"共同知识"的重要性,但是假如现在把"至少有一顶是黑帽子"不作为"共同知识",而仅仅作为每个人知道的知识呢?那自然是无法判断出结果了,不然这个例证又怎会成为比较经典的版本呢？不管是否经典，我们不妨学着"完全理性的专家级"博弈眼光来试着分析分析看。

假定当众宣布的那句"这些帽子中至少有一顶是黑的"不是被当众宣布出来，而是分别告知三人，那么此时"至少有一顶是黑帽子"就不是"共同知识"了。

先以第二种情况为例，参与者当旁观者数"1"的时候，没人举手，因为戴白帽子的人看到两顶黑帽子，戴黑帽子的两人看见一黑一白，他们至少都看到一顶黑帽子，无法判断自己的帽子颜色。但当旁观者数到"2"，即至少有两顶黑帽子时，而此刻两个戴黑帽子的人看到的是一黑一白，那么自己戴的当然是黑帽子了，所以举手。虽然此时没有"至少有一顶是黑帽子"作为推理判断的"共同知识"，即两人的判断是独自做出的，但结果依然能通过观察已有的帽子颜色（一黑一白）和旁观者数的数字（2，至少有两顶黑帽子）判断出来。

再看第三种情况，三人依然能够通过观察已有的（两顶黑帽子），在旁观者数到"3"时确定自己帽子的颜色。

可见，这个例子中的"共同知识"假设并不是必需的，这个例子自然也就没能很好地说明"共同知识"的本质与其存在的必要性、重要性了。

不过只要略加修改就能恢复它经典的风采了，下面我们一起描述一个精致的帽子颜色之谜吧。

在故事中我们可以看到，旁观者的数数是很关键的影响因素，所报出的数字弥补了缺乏共同知识的线索，让参与者得以在数出数字之后做出事后判断。那么现在只需将这个条件加以改变即可，可以事前约定：黑帽子的数量从"1"开始计，10秒钟之后没有人做出判断即增加一顶帽子数。现在来看看游戏开始时"至少有一顶黑帽子"是共同知识与不是共同知识的区别是什么。

以三顶黑帽子为例。先看作为共同知识，开始三人都不举手，10秒后，条件变为"至少有两顶黑帽子"，但参与者都看到两顶，所以还不举手。接下来的10秒钟，三人都在想：如果我戴的是白帽子，那么另外两人一定看到的是一黑一白，而且条件是"共同知识"，那么他们就应该能在约定的10秒钟那一刻判断出自己戴的是黑帽子了，但他们都没举手，说明我戴的也是黑帽子，于是举手。如果这个思维过程需要6秒钟，那么他们会在下一个10秒到来之前一起举手。

再来看不作为共同知识，开始三人都不举手，10秒后，也不举手。他们此时知道"至少有两顶黑帽子"，也看到两顶黑帽子，但他们不知道另外两人不举手的原因，因为随着每一个10秒的流逝，"至少有N顶帽子"的条件不是共同知识。接下来的10秒钟，他们在等，因为只有到下一个10秒的时候，条件变成"至少有三顶黑帽子"，三人才通过各自知道的条件举手，当然因为参与者是同质的专家级选手，所以也会同时举手的。

这个游戏让我们更加明白，都知道的知识还不是共同知识，而是要彼此知道彼此知道……这个知识才是共同知识。

帽子颜色的游戏与脏脸游戏一样，参与者可以很多，其实只要大于等于二就可以了，不设上限，但道理都是一样的。

其实脏脸游戏中的三个人知道的事实还有一个，因为三人的脸都是脏的，所以任何一人看到的都是"三人中至少有两人的脸是脏的"，这种游戏当然没有必要互相交流了，那么每个人仍然无法知道自己的情况。如果此时还是出现一个第四者来宣布："你们三人中至少有两人的脸是脏的"，参与者又该如何判断呢？

一号还是无法判断，而二、三号很容易知道结果了。但如果此时让三人一起做判断而不再区分一、二、三号的顺序，那么他们的判断就跟上面的精致的帽子游戏的第二种情况一样了。

显然，在"谁去洗澡"的故事里，前提条件在对话的两者之间既没有形成为共同知识，而且乙方也不是专家级的高手。因而，脏脸问题是更精致的，同时也是更理论化的故事。

6 猜猜谁逃课

有一群可爱的家长,他们每天都会在一起夸奖自己的孩子。某学校一个年级的学生共有 365 人,他们的父母每天都会夸奖自己的孩子从不逃课,当然,如果他知道自己的孩子逃课,就不会再夸奖了。

但是逃不逃课在同学之间却是很清楚的,如果某个同学逃课了,其他所有的同学都会知道,还会回去告诉自己的家长,但是家长之间却不好意思告诉这个逃课孩子的家长。这些条件大家都知道,而且还都知道其他人也知道,所以这些条件是大家的共同知识。实际上每个孩子都逃过课,结果呢,除了自己的家长不知道以外,其他的所有家长都知道,并且所有的家长都知道除了自己的孩子之外,其他的孩子都逃过课,所以他们会继续在其他家长面前夸奖自己的孩子,每个家长都如此。

到了学生们放假的时候了,在全年级家长会上,有一位可爱的老师听各位家长还在夸自己的孩子从来没逃过课的时候,他说了一句话:"噢,很遗憾,我知道年级里至少有一个同学是逃过课的。"这位可爱的老师并没想揭发谁,他只是看不下去这些被蒙在鼓里的家长们。接下来会发生什么呢?

每个家长都会想:"有那么多孩子都逃过课,实际上只有我的孩子没逃过课,你知道有一个学生逃课有什么稀奇。"所以他们都点点头回应道:"哦,是吗,那可不是什么好事!但不会是我的孩子,这我知道。"那位老师说:"那当然最好了,不过还是一年后再说吧!"接下来如何呢?什么都没发生!

学中无甲子,岁月岂知年?匆匆忙忙、不知不觉间,一年马上就要过去了。有些家长忽然想起了去年那位老师说的话。他们意识到要好好思考这句话的意思了,因为已经过去了那么久,为什么那些逃课的孩子的家长仍然会每天继续夸奖自己的孩子,他们难道还没意识到自己的孩子逃过课吗?

如果只有一个孩子逃课会怎样?因为其他的孩子都没逃课,而家长是知道其他的孩子是否逃课的,所以这位逃课的孩子的家长知道其他的孩子都没有逃课,那么老师说的那句话"我知道年级里至少有一个同学是逃过课的",就意味着这个逃课的学生就是自己的孩子。他会在第一天知道这件事,并在当天不再夸奖自己的孩子不逃课了。

如果是两个孩子逃课呢?我们不讨论假设为没逃课的其他家长,因为他们知道自己的孩子没逃课是对的,我们只讨论现在那两个逃课学生的家长如何思考。我们给两个孩子起个名字以便分析,一个叫小淘,一个叫小宝。因为小淘和小宝的家长知道其他孩子的情况,所以小淘的家长知道小宝逃过课,小宝的家长也知道小淘逃过课,所以他们知道年级里的确"至少有一个同学是逃过课的",于是接下来的第一天他们还会继续夸奖自己的孩子。但是到第二天,其他家长还在夸奖各自的孩子时,小淘和小宝的家长不再夸自己的孩子了,因为第一天小淘和小宝的家长继续夸自己的孩子就意味着他们还不知道自己的孩子逃过课,而小淘的家长知道除了小宝以外没有逃课的孩子,所以小淘的家长会以为只有一个孩子逃课——就是小宝,而只有一个孩子逃课的情况刚才已经说了,这位孩子的家长当天就会知道是自己的孩子,不会再夸奖孩子。此时,小淘的家长意识到"至少还有一个同学是逃过课的",而其他所有的孩子都没有逃过课自己是知道的,所以另外那个逃课的孩子就是自己的小淘了。与此同时,小宝的家长也意识到这一问题,因而第二天两位逃课学生的家长都意识到自己的孩子逃过课了。

  如果有三个孩子逃课呢?他们的家长会不会在第三天同时知道呢?根据上面的分析,以及前面强调的关于共同知识的理解,大家知道正是共同知识令老师的一句"不关痛痒"的话揭开了孩子们逃课的秘密,孩子的家长们最终会同时知道结果,这一天当然就正好是在一年后的第 365 天。

  如果家长们不是每天在一起交换信息,那么推理无法继续,因为家长不知道其他家长是否已经知道自己的孩子是否逃课,那么也就无法最终判断自己的孩子是否逃课。如果条件不是家长们的共同知识,那么他们自然也就无法知道其他家长是否能判断自己的孩子是否逃课,那么当然也无法知道最终结果。

  当然 365 人引起的共同知识的循环非常繁复,但并不难理解,其实三个人就能说明问题了。以后我们在能说明问题的情况下,不会为了让问题显得非常有趣或者非常复杂而额外增加博弈方或者循环次数,相反,我们要以能够说明问题的最简洁方式来表述。10 分钟能明白的道理,没必要看一小时的废话。

好了,在结束对这些前提的理解之前,不妨看看另一个关于帽子的游戏,放松一下。

有五顶帽子,其中三黑二白,周、吴、郑三人各戴一顶,三人都只能看见其他两人头上的帽子,看不见自己头上戴的帽子。如果此时问其中任何一人,他所戴的帽子是什么颜色,大概已经具备了一定博弈论意识的我们马上知道这样的提问实在是有些不够严谨。

比如,他们三人是否知道五顶帽子是三黑二白,他们三人是否知道剩下的两顶的颜色,他们是否知道其他两人也知道这些条件等等。其实分析到这一步,问题也就基本解决了。

首先他们当然要知道五顶帽子是三黑二白,否则要想知道自己的帽子颜色只能是神仙的元神出窍了。他们三人自然不知道剩下两顶帽子的颜色,否则还推断什么,那是幼儿园锻炼小朋友认颜色的游戏。前提条件是否是共同知识?当然。

现在来看这个游戏,三个人都知道的情况不可能存在,还是按照顺序来说吧。第一个说不知道,他当然不知道,无论其他两人戴的是两黑还是一黑一白,自己所戴的都可能是黑或白,但是如果其他两人戴的是白帽子,第一个人当然知道自己戴的是黑帽子,因为一共就两顶白帽子嘛!

他的不知道其实是排除了其他两人是白帽子的可能。既然第一个人不知道,那么第二个人就知道他和剩下的一位不会都戴着白帽子,如果第三个人戴着白帽子,那么他就知道自己戴的是黑帽子,如果第三个人戴的是黑帽子呢?那么第二个人也不知道了。轮到第三个人回答时,他知道自己是黑帽子,因为第二个人的不知道帮他排除了他戴白帽子的可能。

如果前提不作为共同知识,这个问题可不可能有结果呢？这时只有一种可能的情况下会有人推断出自己帽子的颜色,就是其中两人戴着白帽子,而另一个人知道自己戴着黑帽子,其实这不是推理,这是明摆着的事实。

进而,在改变游戏规则以后,可能出现这样的判断。规则为三人中谁能判断自己的帽子颜色即可立即声明,那么如果三人都没有立即声明,就意味着没有两顶白帽子存在,此时只能是三黑或者两黑一白。如果有人戴白帽子,那么另外两人立即知道自己戴的是黑帽子,从而第三个人也知道自己戴的是白帽子,因为三顶黑帽子的时候是无法猜出来的。不过,如果仿照之前的帽子游戏的办法,设定一个时间段,过了时间还没人猜出来的话,其实大家都知道自己戴的是黑帽子了,其实这个时间点的意义已经转化成了一个用于判断的条件,在时间点之前这个条件是未知的,之后就成了已知的。

还有一个非常类似的游戏,有五顶帽子,其中三黑二白,周、吴、郑三人各戴一顶,不过这次三人不是围坐一圈而是排成一列,那么前面的看不见自己和后面人戴的帽子的颜色,但后面的却可以看到前面的。

同类层次的问题我们后面就不再提了。

在多多少少学习了一些博弈论的知识之后,再来解决这类小问题有时候会不会有种奇怪的感觉,就是那种智商可能已经被自己无意间浪费掉了的感觉。这是玩笑话,不过聪明才智的确需要珍惜。

第二章
玄虚：完全信息静态博弈

> 每天清晨，你必须掀开
> 废弃的碎砖石，
> 碰触到翠绿色的、
> 生机盎然的种子。
> ——维特根斯坦

1 模型：囚徒困境

有些"俗"是不能免的，但这并不代表这个大家不能免的"俗"是种无奈，或是妥协。李白的诗在当时就已经被人吟咏流传了，到了今天无论是《独坐敬亭山》还是《梦游天姥吟留别》，没人会认为背诵它们是件"俗"事，虽然它们早已家喻户晓了。其实这里说的"俗"就像很多经典的故事不得不讲一样，因为它们雅俗共赏、意蕴隽永，"俗"仅仅表明它们流传的广泛，是通俗而不是庸俗。博弈论中"囚徒困境"(Prisoner's dilemma)的故事就是这样的例证，这一不能免的"俗"例将多次出现在我们的视线中，就像博弈论本身的影子似的。

还是重复一下故事的内容吧。

> 由于证据不足，两个囚徒(按现在更严谨的说法是犯罪嫌疑人，但我们不严格区分两种表述)封枫和狄安都无法得到起诉。法官想到了一个办法，分别和两人见面，并向双方提供以下相同的选择：双方都坦白，各获罪5年；如果一方坦白一方否认，那么坦白者释放，否认者获罪10年；双方都否认则各判1年。当然他们事先没有串供的机会。

这场博弈就在两个嫌疑人封枫和狄安之间展开。我们要分析的是博弈的结果，以及为什么会出现这样的结果。分析问题时大家要记得前面说过的各种前提条件，这样就会一步步地走进博弈论了。

首先法官说的判罚对于两个嫌疑人来说是共同知识，他们之间的判断没有相互影响，不管时间先后另一个都不知道。这是典型的完全信息静态博弈。好了，开始博弈。

封枫和狄安是博弈双方，即参与者。他们必须做出选择，如果没得选，就不构成博弈。另外他们必须能分辨结果的好坏，前面我们提到了参与者都是同质的，所以他们分辨好坏的标准也是一致的。

他们两人的选择方式是一样的，所以分析其中一个就行了。

封枫考虑狄安的选择，如果狄安选择"否认"，自己的最好结果是什么呢？当然是"坦白"，那样自己就被释放。如果狄安选择"坦白"呢？自己只能选择"坦白"，否则对方被释放，而自己被严惩。所以无论对方如何选择，自己的最佳选择就是"坦白"，而对方也一定是这样想的，那么就更没有机会改变了。所以封枫和狄安选择"坦白"，各获罪 5 年，这就是博弈的最终结果。对两个参与者来说，这一结果是各自的最优结果，这符合我们说的参与者是追求利益最大化的理性参与者。但是这一结果显然并非最佳结果，虽然两人"坦白"的结果未必是最差结果，但明显要比都"否认"（各获罪 1 年）更差，那为什么会出现这样的更差结果呢？

这是因为参与者封枫和狄安是完全理性的，他们所采取的行动是保证对自身的最佳，而不是整体的最佳，事实上，结果正好显示了个人理性与集体理性之间的矛盾。这也是囚徒困境给人们带来的最大启示,并以此激发后来者解决这一困境的愿望。

那么封枫和狄安能否避免这样的结果出现呢?人总是比较聪明的,何况在被抓之前他们还可以达成攻守约定。但是非常可惜,即便如此,答案还是否定的,他们无法避免"坦白"的"诱惑"。随着本书内容的展开,大家会对这个问题的认识和理解愈来愈清晰。

将上面的结果做成表格就一目了然了,(封枫,狄安)中"坦"代表"坦白","否"代表"否认",可能的结果是四个。

(坦,坦) 5,5	(坦,否) 0,10
(否,坦) 10,0	(否,否) 1,1

横着看封枫的选择,他两种情况下选择坦白的结果是第一行的[5,0](我们用[]表示单个参与者在不同情况下的支付,与表格中的博弈双方的支付用()相区别),选择否认的结果是第二行的[10,1],竖着看狄安也一样。从中可以清楚地看到,无论另一人如何选择,其中一人选择坦白的结果[5,0]都要好于相对应的否认的结果[10,1]。

参与者在博弈过程中可以做出的选择,这里就是指"坦白"或"否认"这两种选择,在博弈论中有个专门的术语,称之为"策略"(也有称战略的,但"战略"这个词用在单个博弈方身上显得有些太"大",我们不采用)。

参与者做出策略选择后，会得到一个相应的结果，对于得到的各种可能结果可以用文字、数值或变量来表示，我们称之为"支付"。比如在囚徒困境中，双方都有"坦白"和"否认"两个策略，做出选择后，他们就可能分别得到0、1、5或者10这四种结果。这些数值就是博弈方得到的支付，有时候为了讨论某些问题，我们会用字母而不是具体数值表示支付，如所得支付为a、b等等。

这里多说两句"支付"的意思。无论博弈的结果显示参与者是有所得还是有所失，都称为支付。这个术语在这里并不是日常说的支付出若干货币或劳动，而仅仅是一个称谓，是对博弈结果的一个描述。在说到"所得的支付"时，并不总是像日常理解的得到了什么东西，比如上面的两人得到的支付是5年刑期，这个意思其实是失去5年自由。后面的案例中还会出现支付为负值的情况，那可能表示博弈方受到了损失，或者根据不同的案例可以表达不同的含义等等。

先简要说明一下为什么有同盟约定时也无法保证两者会选择"合作"策略，一起"否认"以获得最佳结果。首先，要看这个约定是否有足够的约束力，所谓足够的约束力就是还有没有额外的利益驱动，如果没有，那么这样的约定对于理性的参与者来说形同虚设，因为理性人在博弈中的考虑必然偏向自身利益最大化。约定在没有额外可引起支付变化的情况下，参与者不会选择"否认"策略，将自己置于可能被判10年的危险境地。

如果双方有额外的利益约定，不仅可以保证实施，而且还要比10年的刑期更划算，那么他们是可以达成一起"否认"的合作结果的。

这样一解释，我们就会发现已经能用专业的语言描述上面这个囚徒困境所表达的完全信息静态博弈问题了。

我们只要知道三个要素就 OK 了。第一，参与者不能没有；第二，每个参与者要有可供选择的策略；第三，每个参与者采取不同策略所得到的支付。知道了这三点，博弈就能进行了，参与者的理性保证了对支付的判断不是由着性子想怎么选就怎么选，完全理性人的字典里没有感情用事的说法。正如上面的封枫和狄安要能判断出[5,0]的结果优于[10,1]的结果，否则他们就无法进入我们的研究视线了。

一个简单的策略博弈模型就这样轻松建立起来了。细心的读者可能还会注意到，其实故事里还有一个博弈——法官与囚徒之间的博弈。

我们用上面刚提到的三要素练练手吧。法官的策略都有哪些呢？当然是调查取证，但是这个故事说的是无法收集证据了，因此，现在法官所采取的这个"不是办法"的办法是他的最佳策略，另一个策略就是放弃对嫌疑犯的审讯，但是显然法官不会选择"放弃"的劣策略。

法官的支付呢，只能是成功和失败。但什么结果算得上成功，什么结果视为失败呢？不太好定。但法官采取这种不得已而为之的办法，大概是想弄明白两人到底是不是有罪，依据这样的标准，只要有一个人坦白，就可以算法官成功了，只有两人都否认时法官才失败，嫌疑人的结果与法官的相反，(法官，封枫，狄安)。

(法,坦,坦) 成,败,败	(法,坦,否) 成,败,败
(法,否,坦) 成,败,败	(法,否,否) 败,成,成

看来法官的胜算还是蛮大的咧。其实从上面已经知道,只要这两个人足够聪明,他们就必输无疑,真应了那句"聪明反被聪明误"。

通过为这个经典的囚徒困境制作一个模型,我们理解了它的结果和缘由,但是看看前面的条件却有些不太现实,有点为建立模型而刻意编造的嫌疑:双方都坦白各获罪5年,一方坦白一方否认,坦白者释放,否认者被判10年,双方都否认则各判1年。疑问之处在于,一方坦白竟然无罪释放,那这个法律是不是有点儿戏?虽说"坦白从宽",也不至于就成了清白之人吧?这一点尤其令人不可信。更何况后面说两人都否认也要判上1年,这也没什么道理,既然没有足以判刑的证据,而两人又都否认,那才是该无罪释放呀,否则岂不是有冤枉好人的疑惑?有些版本的囚徒困境在这里添加了条件,如两人盗窃罪不成立则判私闯民宅罪等等,如果这一点成立,只能加重前面坦白者无罪释放的"毫无道理"。还有两人都"坦白"难道就够不上"坦白从宽",这个"坦白从宽"的政策还要依据另一个人的"否认"才能算数吗?

其实我们当然知道囚徒困境的的确确是刻意构造出来的模型,就是为了让人们很快明白博弈的存在和它的引人之处,我们提出疑问不过是在想,能不能更进一步让梦想走进现实呢?虽然模型会因此变得更复杂!

我们一起尝试重新构造一个加入现实元素的博弈条件:双方都坦白各获罪 5 年,一方坦白一方否认,坦白者判 5 年,否认者判 15 年,双方都否认则全部释放。其实对于一个坦白一个否认时的那个否认者是使用了"抗拒从严"的政策,这一手段也同样起到"动摇军心"的作用,这里多加 5 年,是为了避免有些理性读者开始计算 15 和 10 之间的差之类的情况,但这不是博弈想要说的。

(坦,坦) 5,5	(坦,否) 5,15
(否,坦) 15,5	(否,否) 0,0

也不妨把 5 年、10 年的版本拿来对比一下,即双方都坦白各获罪 5 年,一方坦白一方否认,坦白者判 5 年,否认者判 10 年,双方都否认则全部释放。

(坦,坦) 5,5	(坦,否) 5,10
(否,坦) 10,5	(否,否) 0,0

这时候聪明的囚徒该如何决定自己的最佳策略呢?

2 策略：斗鸡博弈

封枫和狄安的事先放一下，因为就在不远处，我们发现正有两只大公鸡在找麻烦。如果可能，不妨试试能否给它们也"套上"一个博弈模型。

> 这一日，两只雄赳赳气昂昂的大公鸡叨叨和啄啄在桥上狭路相逢。可是这独木桥窄得不足以让两鸡擦肩或者侧身（如果可以的话）而过。这一下可就热闹了，它们怒目而视、互不相让，如此这般的僵持甚久。其实它们一直都在盘算自己该怎么办，只是无法决定而已。
>
> 它们所能采取的行动不外乎两个：前进、后退。"前进"意味着两者要大打出手，可是单凭外表竟很难让人分出谁高谁低呢！它们也这么想，估计可能的结果是两败俱伤。"后退"呢，太伤面子啦，以后还怎么让人家在鸡群里混嘛！这也是有损失的。当然了，最好的结果是一进一退，可是两个都这样想。于是僵持着……当然还可以有一个"僵持"的策略，但是我们不认为它们可以永远"僵持"下去，所以无论它们可能"僵持"多久，最终的策略仍然归结为"前进"和"后退"。

它们不像囚徒困境中的情形,双方都有一个明显优于另一策略的选择,囚徒困境中的"坦白"优于"否认",这样的策略就称为占优策略。当参与者各自选取最优策略时,得到的结果就是一个均衡状态,这也是囚徒困境中两个理性的聪明人必然选取(坦白,坦白)的原因,因为这是一个纳什均衡解(Nash equilibrium)。著名的博弈论学家纳什(John Forbes Nash Jr.)证明了这种均衡状态的存在,所以就称之为纳什均衡。纳什本人的故事在2001年被搬上了银幕——《美丽心灵》(A Beautiful Mind),现实中的纳什于1994年获得诺贝尔经济学奖,而《美丽心灵》中感人的记录令影片于2002年获得包括最佳影片和最佳导演的奥斯卡四项大奖。

而在这个斗鸡博弈中显然并不存在占优策略,那么还能不能达到均衡状态呢,或者说,斗鸡博弈模型是否还存在纳什均衡解呢?

与现实版的囚徒困境类似,斗鸡博弈有这样的支付表格,用负号表示损失。

(进,进) −2,−2	(进,退) 1,−1
(退,进) −1,1	(退,退) −1,−1

现实版的囚徒困境也是这样,不存在占优策略,那么就要想新办法了。试想一下,用于不确定情况下的分析工具都有什么:可以猜测、可以调查对方的详细资料、可以依据常理等等,但这些都不具备或者都不靠谱的时候,最有效的应该还是概率了。

斗鸡博弈表格里的四个策略在不考虑概率分布时又叫做纯策略，而考虑概率分布的策略称为混合策略。很明显的一点就是，当某一混合策略中的一个策略的概率为100%，而其他策略的概率是0时，就变成了纯策略，占优策略当然是纯策略，更数学化的理解方式是把纯策略理解为混合策略的特殊情况。

再来看斗鸡博弈，如果其中一只大公鸡叨叨非常明确地要前进了，另一只鸡啄啄是否也会挺胸而上呢？不会的，因为它是一只理性的高智商大公鸡，它只能选择退后，这样的损失最小。同样地，如果啄啄上，则叨叨必退。而叨叨、啄啄明确知道对方想后退时，它当然会毫不客气地昂首前进，所以对它们有没有可能同进同退的回答是肯定的——没有。这样一来，就出现了两个纯策略（进,退）和（退,进）均衡，相应的支付是(1,-1)和(-1,1)。

除此之外，既然是不确定的事，当然还有一个混合策略存在，它的混合策略纳什均衡解按照((甲,甲),(乙,乙))表示为((进,退),(进,退))，注意这里的(进,退)和表格里的(进,退)表示的意思不同，表格里的是(甲,乙)分别采取的策略，而这里是表示甲或乙自身的两种策略，所以写为(甲,甲)和(乙,乙)。计算结果是((2/3,1/3),(2/3,1/3))，数字指的是两者进退的概率（具体计算忽略，那样可能会吓走一批对数学公式头疼的人，而且计算过程也不需要初学者掌握），这就意味着它们前进的意愿还是比较强烈的。之所以这一对概率分布是均衡的，意思是如果有其中一方偏离这个概率分布，则另一方也相应调整自己的概率分布，那么此时的结果将是确定的。如果叨叨的前进概率超过2/3，那么啄啄就要选择后退的策略了，此时啄啄后退的概率超过了1/3，那么叨叨就确定要前进了,结果就是(叨叨进,啄啄退)。很明显,概率偏离均衡解时,就不再是混合策略的求解了。

事实上,正因为现有条件根本无法预测叨叨和啄啄的进退策略,才会出现斗鸡博弈的三个解。这也正是前面说的在猜测、调查资料、依据常理等这些都无法实现的时候采取的办法,而如果猜测、调查资料、依据常理等办法起到了效果,实际上就是将不确定性推向了确定性,这的确也是解决问题的几个方法,后面我们还会多次延伸斗鸡博弈模型。

那么现在这两个纯策略和一个混合策略到底如何取舍呢?单单是摆在这儿,岂不是和开始时一样令人茫然不知所措!哪怕只有一小步的进展也是好的呀。说得好,不过稍等片刻,先顺便解决一下现实版的囚徒困境,混合策略的纳什均衡解((封枫,封枫),(狄安,狄安)):((坦,否),(坦,否))是((1/3,2/3),(1/3,2/3)),看来这次跟上次不同了,是倾向于否认了。

关于囚徒困境的延伸也会在后面的内容里多次出现,因为这一模型的经典性决定了它具备很高的讨论价值。

纳什证明每个有限博弈至少存在一个纳什均衡,可以是纯策略均衡,也可以是混合策略。有限博弈是指参与者人数有限,并且参与者可选择的策略有限。

3　精简：朋友博弈

大公鸡给我们留下了一个悬而未决的疑惑,即纳什均衡解出现了多样结果。虽然这些结果都是可选择的方案,但是到底哪一个才是更接近的实际选择呢?解决疑惑正好成为推动博弈论进一步发展的动力。

先抛开它,来看另一个故事——朋友博弈。

贾不假与金做马是好得不能再好的朋友,贾不假从小喜欢各种动物,如今是个热心的动物保护志愿者,而金做马最喜欢电子竞技游戏,这可能与从小的培养有关,但不同的兴趣爱好并不影响两个小伙伴的友情。

据说生活于300万年前到一万年前的猛犸象曾是世界上最大的象,也有资料说最后一批猛犸象灭亡于4000年前,如果是那样的话,也许4000年前的某些人类祖先还有幸见到过也未可知,大概幸运程度不亚于现在能见到华南虎吧。贾不假听说猛犸象的本体模型近日要在北京展出,这个被称为本体的模型不是指哲学上的"本体论",说的是被西伯利亚冻土层冰冻了上万年的标本,因为以往展出的都是猛犸象的骨化石,这次却是皮毛俱在。而且居然测出仍存在有活性的猛犸象脑干细胞,这大概是给克隆技术狂热分子的最大礼物了。这样一个机会,贾不假当然不想错过,正好五月一日去。

金做马得到确切消息,中韩电子竞技对抗赛决赛就在五月一日那天举行,他辗转反侧,后来费了九牛二虎之力才拿到了两张入场券,因为票数非常有限,一张已经难得,不过为了叫上自己的好友贾不假同去,费点周折也不在话下了。

这下麻烦了,两个好友该如何选择呢?面对这样的局面,我们先来做个博弈模型,以便展开分析,顺序为(贾不假,金做马)。

(象,象) 5,3	(象,赛) 2,2
(赛,象) 0,0	(赛,赛) 3,5

其中包含两个纯策略——(象,象)和(赛,赛),意思很明白,两人一起行动;(赛,象)不可能出现,因为这意味着贾不假去看电子比赛,而金做马去参观猛犸象,自然他们不可能获得什么满意的收获,甚至可以用负值来表示两人都会有所失。(象,赛)表示两人要

分开行动,这个策略当然可行,但各自却无法得到最高的支付,因为分头行动导致参观和观赛的乐趣大减。

那么在现有的两个纯策略中又该如何选择呢?当然就像斗鸡博弈中的情形一样,这个模型也存在混合策略,不过这里要解决的是走向确定性,那么我们自然要精简不确定的均衡,所以这里就只考虑纯策略的抉择。

既然两人行动有两套方案,而且所得支付相似,只是谁获得的支付大、谁的小而已,那么简单的博弈模型就无法满足这种追求了,此时需要对此模型加以扩展。应对这种均衡解的多样性的办法也是多样的,现在开始扩展。

第一种,关键时间扩展。电子竞技的现场不可重复,时间、地点、事件都无法再次呈现,而猛犸象的展出却并非只有这一天,因而(赛,赛)成为最终的解。当然很多人都会这样想、这样做的,这说明这一扩展很具有现实性,它首先排除了两人分头行动的可能,并在扩展条件下找到了唯一均衡解。

第二种,关键事件扩展。在产生何去何从的矛盾之后,金做马得知贾不假已定于五月二日出国,虽然这件事早已听贾不假提及,却不知道来得这么快,而两个一起长大的伙伴可能要多年之后才能再聚首了。难道就这样让贾不假带着一丝遗憾离开吗?金做马想,毕竟比赛还能通过录像看到,而猛犸象的展览并不会跟着贾不假漂洋过海的。结果金做马坦然接受贾不假的邀请,博弈也得到唯一解(象,象)。

还可能有第三种扩展,临时事故扩展。其中一项活动因故取消,那么博弈的天平当然也就不再犹豫地倒向另一面了。还可以有这样的想法，贾不假和金做马都想应该照顾对方的情绪，以体现友谊的可贵和自己对友情的珍惜，转而放弃了自己的策略。如果只有一方这样决定时，结果就会很明确，但如果是双方都这样坚持的话，岂不是进入了另一轮博弈？这个想法很有趣，但并不属于朋友博弈的模型范围，因为在支付不发生变化的情况下，这样的选择无异于追求对自身的非最大化利益，这与博弈主体即参与者的理性假设相背离了。虽然这种情形也很具有现实性，却的确离我们讨论的话题有点远了。这种思路不同于上面的几种扩展，它直接改变了参与者作为理性者的博弈前提，这是我们在前文中多次强调的。

不过这种扩展式的精简还是会让人觉得有点靠不住，甚至感到上面建立博弈模型的一大堆看似合理的理由显得有点故弄玄虚，说到底，最后还不是要添加许多扩展条件才能有确切的结果吗？那又何必搞得那么复杂，大家每天不都是在解决这样的事情吗？

其实不必沮丧，至少它解决了像囚徒困境那样存在占优策略的案例，而囚徒困境的结果并不是一目了然的，所以博弈模型不仅有其价值，而且我们还只是刚刚开始，不必着急。

另外，这也提醒我们纳什均衡解的特点——即不是纳什均衡的策略都是不合理的，但符合纳什均衡的策略也可能是不合理的。就是说，一个博弈问题的答案一定在纳什均衡里，但里面可能还混入了不是答案的解。

这有点像做选择题时的排除法，把最不可能的，或者肯定是错误的选项先去掉，但是剩下的可能还需要别的办法来处理。刚才提到的几种扩展就是借助于其他因素对答案进行的精简。其实大家都明白,最好的办法就是直接找到答案,而不必费心琢磨什么排除法、扩展法,选择题给出的选项只能起到迷惑作用,并不是决定做对做错的根本原因。如果我们能直接找到某一博弈问题的答案不就没必要费这么多事了吗?道理是这样,不过可惜的是,博弈问题不是选择题。

　　大家不妨细想一下,如果有办法直接找到博弈问题的解,那么它还是问题吗?还有研究的必要吗?我们深入地想一下博弈面对的都是些什么问题,是下棋,是打扑克,是猜对方的心思,是那些彼此钩心斗角的(不作贬义词,作中性词用),是那些未知的。既然是未知的,当然不可能有什么明确的答案,而博弈论正是要在这一片模糊、混沌之中扒拉出一条哪怕很狭窄,却能透点光亮的荆棘小路来。

　　从这个意义上说,仅仅是排除若干不必要的策略,就已经是对参与者未来的行动给予了莫大的支持和鼓励了,何况我们的研究才刚刚开始。现在我们基本理解了我们所处的博弈环境,大概明白了前面的路还很艰辛,当然也能感到更有趣的事情就要发生了。

4 不公：智猪博弈

某猪圈里有两头高智商的聪明猪，一大一小。猪圈的一边安装着进食用的食槽，另一边安装着控制食物供应的按钮。按一下按钮，在另一边的食槽里就会有10个单位的食物进槽，同时要付出2单位的成本（这个成本大概是体力消耗吧，而且这样单位就与上面的食物单位一致了。类似的问题我们很难知道这个单位是如何确定的）。

大猪和小猪获得食物的能力不同，不同条件下的状态如下：如果大猪先到槽边，大猪吃到9个单位的食物，小猪吃到1个单位；它们同时到槽边，大猪吃到7个单位，小猪吃到3个单位；小猪先到槽边，大猪吃到6个单位，小猪吃到4个单位。

看来无论如何小猪的亏是吃定了，谁让咱小呢！不过我们有没有好办法帮助一下小猪呢？弱者总是容易得到众人的同情，小猪也如是。现在我们就来看看始终要"吃亏"的小猪如何对付这一不利局面。

无论如何，小猪吃的都比大猪少，但是每种情况下的性价比却是有很大差别的。大小猪可选的策略都是两个——按还是不按？

小猪去"按"的结果有三种：第一种，按完按钮拼命跑还是落后了，得不偿失，不但没吃饱还损失了1个单位的体力。第二种，使出吃奶的劲追上大猪，同时开吃，终于赚了1个单位的食物。第三种，梦幻般地超越了大猪，净得2个单位的美食，几乎都不敢相信是自己了。

大猪去"按"的结果是：第一，按完并轻松超过小猪，吃9个单位的食物；第二，一不小心被小猪追成平手，只好快点吃；第三，吃得太多了跑不过小猪，只好少吃点了。

这是两只高智商的聪明猪，所以它们很容易分清楚自己面对这样的局面所应采取的行为。小猪很想去按按钮，不过现实逼迫着它必须采取别的办法，否则会很受伤。很明显，看似没好结果的小猪"置之死地而后生"，它决定："俺才不去按那个劳什子呢！"所以它赢了，而且赢得很漂亮——不停忙碌的是大猪！

不过这个故事讲得实在有点太粗糙了，先到槽边就多吃还好理解，可是大猪先到多少才能吃到9个单位的食物呢？而小猪先到就能多吃3个，其实大猪也是比晚到多了3个，按照小猪进食速度慢于大猪，应该可知小猪的"先到"比大猪的"先到"还要先得多一点，在什么情况下小猪比大猪的"先到"还要早一些？小猪是一直守在槽边还是另有"健步如飞"的本领？又会在什么情况下它们能同时到呢？这一点尤其不可思议。其实说到底，一只猪去按按钮的时候，另一只难道会傻等在它的身边，做一场最公平的跑步比赛吗？

如果这样公正、公平的话，其实就相当于两猪始终是一起按按钮，然后凭实力获得劳动所得了。这就好比零售业的沃尔玛、家乐福和街边的小卖部站在同一起跑线上，一起拼抢市场份额。这怎么可能！

一只猪去按按钮，另一只应该很明白地待在食槽边等着吃就好了，所以上文才对大小猪同时到达食槽的前提假设表示出不可思议。并且大猪或小猪先到的前提也是毫无解释，含混不清，大小猪怎样才能比对手先到？或者问什么情况下才能出现一只比另一只先到的事情？先到多久才能吃到前提给出的数量？显然这里把一个可能是连续变化的过程固定为三个离散的特殊点了。

好了，一个略显粗糙的故事其实只想说一个事实：表面吃亏的未必就真的要吃亏，关键是要看它们各自的策略组成。

小猪坐享其成就好了，因为小猪有占优策略，而大猪很无奈。小猪的策略不在于它总想着不劳而获，而是因为规则令它别无选择；大猪的无奈并不是由于它乐于助人，而是基于同样的规则使它疲于奔命。大概会有人说，大猪可以先干掉小猪，以便独享劳动成果，那我们只好回答，猪圈里不需要暴力。如果有人认为大猪由此不至于长得太胖，长久地保持了较好的身材，我们更会为这样的乐观精神鼓掌。兴高采烈之余我们别忘了，排除这些额外的考虑之后，你看，博弈论还是很有用的，小猪得其所哉，而大猪也无怨无悔。

更何况在经济生活中此类事情也是天天上演。诸位，谁看见过某个行业里的一家小型企业在拼命地做广告宣传自己的行业？不会的，它就是猪圈里那只聪明的小猪，等着就好了，会有人去大力宣传的，大企业花费的广告费恐怕比自己小企业的身家还多呢！为小猪高兴的同时，我们也向大猪致敬。

看似不公平的结果其实自有其公平之处，看来有些事情天然的就是无法达到公平了，不过这里并不包含其他强制条件，而社会的公平性是由法律、规定等强制手段来保障的，人类与其他动物还是有本质区别的，公平不正是现代社会的一个重要标志和关注点吗？

一定会有人好奇地问，为什么都是些有趣的动物来充当博弈专家引发耐人寻味的思考呢？其实哪里有那么多有想法的大公鸡、大小猪。不过是因为博弈论本身很抽象，用动物故事来阐述是为了通俗地说明博弈问题而已，这样可以避免牵扯到人与人之间错综复杂的关系而影响对问题实质的理解和把握。其实换成人类也是一样的，至少在某些方面。

如果一个企业中存在偷懒耍滑的人，那么那些勤劳奋进的人不得不在自己为企业创造的业绩里分一部分给偷懒耍滑之人，但是勤奋的人是别想从偷懒之人那儿分到哪怕一点残羹剩饭的。这种情况对于大小猪来说是无法解决的，人呢？当然可以，靠的就是制度。好的企业至少在人事管理上应该能制订出避免懒滑之人"绑架"勤奋之人的制度，否则不用很专家级的脑子也知道这个企业的日子不会久长了。而且没有制度只会令勤奋的人转而偷懒，却很难令懒滑之人日渐勤奋。当然除了制度还有别的办法，比如给懒滑之人做做思想工作，兴许他就开了窍，从此成为一个有益于人民的人了呢！或者是教育，直接提高他的思想境界，最终成为一个真君子也不是不可能，谁知道呢！

总之,问题一旦被认识到了,我们就会发现办法总比问题多。看来,困难之处在于发现问题。当然还可能有另一种情况,就是发现问题却不去解决,或者采用很烂的办法,结果越解决问题越多。这分明是成心的嘛,那就不在我们考察之列了。补充一句,没有办法也是允许的,毕竟人不是神。

《塔木德》也说:"办法总比困难多,凡事都有解决的窍门。"现在我们再来看一个大家熟悉的《圣经》里的睿智故事。

> 有一个尚在襁褓中的孩子不小心因窒息而死,他的妈妈就偷偷地将他与另一个孩子调了包,第二天被调包的孩子的妈妈发现自己的孩子被调包了,而偷走孩子的人就是这个因窒息而死的孩子的妈妈,于是她们找到了所罗门王。
>
> 她们在所罗门王面前争辩起来。所罗门王心想:"既然她们都说活孩子是自己的,死孩子是对方的,那么……"他下令:"把这孩子劈成两半,一半给这个女人,一半给那个女人!"
>
> 这孩子真正的母亲宁愿失去孩子也不能这样害了孩子呀,于是她对所罗门说:"陛下,我不要这孩子了!他不是我的孩子!你把孩子交给她吧!"而另一个女人却说:"把这孩子分成两半吧!这样最公平。"于是所罗门王找到了真正的母亲:"把他交给第一个女人,她才是孩子真正的母亲。"

单从这个偷换孩子的妈妈的表现来看,似乎真的被失去孩子的痛苦打击得呆掉了,以至于说出的话虽然带着失去孩子后咬牙切齿的残忍和嫉妒,却显得呆头呆脑。可能大家都希望坏人傻一点,这个想法被坏人知道的可能性不大,因为聪明的坏人不多,或者坏人一旦聪明了就很难被识破。

5 小智：小偷—守卫博弈

所罗门遇见这样的笨人也真是幸运，或者是因为以前的人没有这么多心眼。

我们真正要考虑的问题是：有没有办法令两人都能说出实话——即真正的母亲直接说自己是孩子的母亲，而那个假的母亲也坦白自己的罪过呢？现在还没到解决它的时候，我们先来看看另一个小偷与守卫之间的故事。

小偷和守卫作为彼此对立的参与者，他们各自有各自的利益需求。小偷想偷东西，而守卫想睡觉，奇怪的是，这个想法的确很普遍。小偷当然知道自己不要在守卫醒着的时候去偷东西，守卫当然也希望在自己睡觉的时候，小偷别来光顾。那么他们之间自然就要好好地较量一番了。

小偷的策略有两个——偷与不偷，守卫的策略也有两个——睡与不睡，它们相互组合成下面的四种情况。说明一下，这与之前的事件略有不同，这里的偷与睡或者不偷、不睡是两个相对立的事件，而之前的选择是参与者之间对同样的备选方案交叉选择的组合，比如囚徒困境中的坦白与否。

下面的表格里是（小偷，守卫）的策略组合，先来解释一下 a、b、c、d 都代表着什么：（偷，睡）表示小偷执行偷窃而守卫选择睡觉的情况,那么小偷得手获得的支付为 a,守卫睡着了而看守的东西被盗,自然要受到惩罚,支付为(- b),负号表示有所失。(偷,不睡)表示执行偷窃的小偷被毫无睡意的守卫抓个正着,当然要受到惩罚了,支付为(- d),而能干的看守因为是职责所在,所以没有得失。(不偷,睡)表示守卫捡了个便宜,支付为 c。(不偷,不睡)表示双方相安无事。

(偷,睡)	(偷,不睡)
a, - b	- d,0
(不偷,睡)	(不偷,不睡)
0,c	0,0

这个故事是 1996 年德国的博弈专家泽尔腾(Reinhard Selten)在上海的一次活动上讲的。泽尔腾是 1994 年与纳什分享诺贝尔经济学奖的两位学者之一,他因在"非合作博弈理论中开创性的均衡分析"而获此奖。泽尔腾出生在当时的德国属地布雷斯劳(Breslau),就是如今波兰的弗罗茨瓦夫(Wroclaw)。他的研究主要集中在三个领域:博弈论及其应用、实验经济学、有限理性理论。后文中还会多次提到泽尔腾教授。

一直到 2009 年,泽尔腾多次来到中国讲学,中国学者赞扬这位已经 80 高龄的大师有着"永不止息的探索精神"。2009 年底,泽尔腾在接受中国媒体采访时对中国的房地产市场表示出了担忧。我们还是先回过头来一起看看小偷—守卫故事的趣味所在吧。

为了严谨起见,首先说明一下,这里的小偷和守卫都不是很现实的人物,你看,只要守卫睡着了,小偷行动的话就必然会得手,世上虽有传奇的神偷,但毕竟也是凤毛麟角,哪能个个如此这般了得;同样地,只要小偷敢来而守卫没睡觉,就定会手到擒来,这样的守卫手段也未免太过高强了,可见,这个攻守博弈的模型仍然是抽象出来的。其实它想说明的不是小偷的出神入化,也不是守卫的固若金汤,而是另一个问题。

先来看看他们各自有没有纯策略。如果小偷选择策略"偷",守卫的最佳策略是"不睡";守卫选择策略"不睡",小偷的最佳策略就是"不偷"。小偷的策略是"不偷",守卫的最佳策略是"睡";但是守卫一"睡",小偷的最佳策略又成了"偷"。细细一看,再细细一想,这个小偷与守卫之间的博弈居然没有纯策略的纳什均衡存在,可见这一博弈的的确确与前面的不太一样了。

用混合策略试试,((小偷,小偷),(守卫,守卫))的混合策略表示为((偷,不偷),(睡,不睡)):$\left(\left(\frac{c}{b+c}, \frac{b}{b+c}\right), \left(\frac{d}{a+d}, \frac{a}{a+d}\right)\right)$。首先要声明做这一博弈分析的目的还是要减少偷盗,能否减少、如何减少偷盗行为是分析这个博弈模型的落脚点。

计算过程的省略一是为了保证阅读的顺畅,二是避免对数学公式头疼的阅读者能比较愉快地阅读。对于有兴趣的阅读者可以参考专业书籍,那么本书作为"桥梁"的引导作用也显得更加明确了。

可能有人已经发现,博弈论中的支付都是没有单位的,这与物理学中的计算大相径庭,如果物理学中都没有单位的话,那么计算可以说根本就无从说起。不过这里的单位都被抽象成统一的支付数值，虽然没人知道守卫睡觉所得的支付怎么就和小偷偷盗的所得成了一回事。

我们可以很清楚地看到，小偷的策略[偷，不偷]所受两个影响因素 b 和 c 是守卫所得的惩罚和奖励（姑且将守卫在无损失下的睡眠视为其所得的奖励吧），而与小偷自身的所得 a 和所失 d 无关。与 a、d 有关的却是守卫的策略[睡，不睡]，那么增加对小偷的惩罚，即 d 增大，我们发现，小偷的策略没受什么影响，而守卫却更加倾向于睡觉了。当然也很容易发现，当加大对守卫失职的惩罚，即 b 加大时，小偷选择不偷的概率增加。也就是说，要想制止失窃的行为发生，并不是通过加大对小偷的惩罚，而是加大对失职的守卫的惩罚。

是不是混合策略的计算出了什么问题？这个结果似乎显得并非那么顺理成章。

不过从这里倒是可以理解，为什么加大对失窃时失职的守卫的惩罚能够有效打击盗窃行为的发生，因为既然守卫失职睡觉可以得到若干的利益 c，那么惩罚的 b 如果过小，岂不是成了鼓励守卫失职？小偷正是以此作为判断的依据的，当 b+c 中 c 所占比例较大时，即 $\frac{c}{b+c}$ 较大，小偷执行"偷"的策略的可能性就大，而当惩罚 b 远大过睡觉所能带来的 c 时，$\frac{b}{b+c}$ 较大，小偷选择"不偷"策略的可能性就增大。

而在守卫的心里，如果对小偷的惩罚力度 d 很大时，他更倾向于对小偷的事后惩罚，而自己的不作为反而有了保障似的；而不睡的理由却很大程度上取决于被盗后的损失 a,可能的损失越大,即 $\frac{a}{a+d}$ 的值越大,守卫不睡的可能性就增加,这可能也是出于守卫对小偷行为的判断,即被盗目标的价值决定了小偷采取行动的可能。现实中保护价值越高的物品,守卫就越警惕。

但这一模型有一点不够完美的地方就是 c 的存在,因为守卫睡觉本身就是失职,任何需要聘请守卫并为此支付成本的人都不愿意看到守卫的失职,因此,能否做到无论小偷是否行动,守卫都能做到不失职呢?

除了小偷得手后 a,对失职的守卫加以惩罚(-b)之外,能否在小偷不行动的时候也加以约束呢?

(偷,睡) a,-b	(偷,不睡) -d,0
(不偷,睡) 0,-c	(不偷,不睡) 0,0

只要守卫失职睡觉了,他就会受到惩罚,无非是 b、c 的支付值有所差别而已,这样一来守卫的确有一个"不睡"的纯策略。不过原来的那个抽象出的攻守博弈模型的现实性在于,现实中并不能保证守卫的每次失职都被发现,因而(-c)可以在制订看守制度时存在,但在实际中守卫的每次睡眠仍能或多或少地带来额外的利益 c'。(它是正值,虽然不能确定其单位,不过仍令人禁不住想问:是否偷懒能给某些人带来额外的幸福感?)

有些人可能会设想,在小偷执行"偷"策略而守卫采取"不睡"

策略时,是否可以为抓住小偷而对守卫有所奖励?

(偷,睡) a,-b	(偷,不睡) -d,e
(不偷,睡) 0,c	(不偷,不睡) 0,0

这个问题其实和此博弈问题无关,因为保证看守对象不失窃本来就是守卫的职责,没有额外奖励 e 的说法。

增加对小偷的惩罚力度,即 d 增加时,虽然在这个模型中看不出小偷有任何收敛的迹象,但在现实中还是会发现可以起到某种威慑效果的,但是这种威慑往往是短期的,因为并不是每次都是"伸手必被捉",小偷的行为得以收敛更可能是因为对于加大惩罚力度之后的风险分析,他很有可能是在调高 a 的值之后(即寻找更值得下手的东西)继续与守卫者们展开新一轮的博弈。

而这一模型在反腐败中似乎是可资参照的。腐败分子相当于小偷的角色,而守卫的角色应该是谁呢?对腐败分子的打击力度不可谓不强,但是效果正如该模型显示的,短期起到威慑作用,而长期并未得到很好的解决,一则因为守卫角色的模糊不清,再则施之于守卫的惩罚措施无从落实。

看来聪明的头脑也需要一些理性的分析,否则有些事情看似想出了解决办法,其实只是浮于表面,没有抓住根本,问题还会回来的。

6　猫鼠：收税—逃税博弈

虽然用博弈论解决大量现实问题的梦想一时半会儿还无法实现，但至少我们已经可以试着用一些现实的事件作为素材来为熟悉博弈模型练练手了。

世界各国虽然在具体的税收政策上差异甚巨，但在纳税与逃税的博弈中却都有同样的模式。既然有专门的税收机关，当然就说明不是人人都自觉地纳税，否则只需要设立一个税收账户就好，不必查来查去、躲来躲去的了。

其实收税者进行检查是要消耗成本 a 的，要是人类能省下这些无谓的浪费该多好啊，而逃税者被查到后的惩罚 b 自然也是多余的支出，不过逃税者希望得到的是逃税成功后的利益 c，这部分就是应缴税款了，当然最好的效果应该是纳税人主动自觉地纳税，虽然因此所得支付为 0，但至少长此以往收税的机关就能省下成本 a 用于其他社会公益了，这样税收机关也无所得所失。收税者有两个策略——查与不查，逃税者也有两个策略——逃与不逃。

（查,逃）	（查,不逃）
$-a+b, -b$	$-a, 0$
（不查,逃）	（不查,不逃）
$-c, c$	$0, 0$

其实与小偷—守卫的那个博弈类似,双方相安无事时不失为一个好的选择,看来万事万物还是顺其自然就好,不过就像囚徒困境中的两个囚徒一样,他们总是有事与愿违的理由。

先说明一下为什么收税者执行"查"的策略时所得支付不是$(-a+b+c)$,因为纳税者所缴纳的税金 c 在正常情况下并不构成税收者的额外利益,虽然税收者执行检查时,实际收到的数额是罚款加上所应纳的税金$(b+c)$,但是作为博弈的支付却不能计算 c,这也令人进一步理解博弈论中所说的支付的含义。同样的道理,逃税者才能因为逃税成功而得到 c 的支付。

如果 a 大于$(b+c)$会是什么结果呢?收税者为检查所花费的成本大于逃税者的应缴税款与对其进行罚款之和,那么很明显的,收税者存在一个占优策略——不检查。当然,这是明显的得不偿失,如果总是这样,就没有检查的必要了。现实中正是如此,应缴税金越少的企业单位偷逃漏税的可能性越大,因为他们也知道,为了他们那点不多的税款费力检查的结果可能是不划算的。但在现实中也并不是总放过小企业,这是考虑打消小企业偷逃漏税的心理,以免造成大面积的小企业偷逃漏税的局面,那时就不是针对单个小企业的博弈模型了,而是将众多小企业视为一个大的偷逃漏税博弈方的参与者看待了。这也是前文提到的"合多为一"的意思。(另外也可以参考后文中的重复博弈)

当 a 小于$(b+c)$的时候,收税者是倾向于检查的,那么纳税者会选择缴税,此时收税者白白浪费 a 的成本,于是收税者又不想检查了,纳税者于是又开始想逃税等等,可见在这一条件下,此模型不存在纯策略纳什均衡。

我们再仔细分析一下各种不同条件下的检查与缴税的纠缠，大致就能明白它们之间的混合策略了。

如果 a 小于 (b+c) 且 a 小于 b 或 c 中任一个，那么检查是划算的；如果 a 大于 b，那么可以看到模型中所得支付是负值，但是却追回了一部分逃税；如果 a 大于 c，那就只能靠罚款弥补检查的成本了；再考虑 b、c 之间的关系，如果 a 大于 b，又小于 c，就是检查的成本比罚款多却比应缴税款少，检查虽有浪费之嫌却还值得；如果 a 大于 c，又小于 b，那么由于罚款太重，纳税者会考虑缴税，而收税者的成本 a 就冒着得不偿失的危险了。

由此可见，应缴税款的多少决定着收税者是否检查，而税收成本的高低影响了纳税者是否逃税，这与该模型的混合策略是相符合的，$((查,不查),(逃,不逃))：\left(\left(\frac{c}{b+c}, \frac{b}{b+c}\right), \left(\frac{d}{a+c}, \frac{b+c-a}{b+c}\right)\right)$。

有人并不认为上面的模型是符合实际的，因为看待世界的角度不同，不同的人看到不同的世界，对于收税者与纳税者来说同样如此。抛开社会责任与道德的约束，纳税者眼里的模型成了另一个样子。

	（查,逃）	（查,不逃）
	c−a+b,−c−b	c−a,−c
	（不查,逃）	（不查,不逃）
	0,0	c,−c

纳税者认为逃了税而没被查到即逃税成功应视为无所失也无所得支付为 0，而被抓了现行则损失扩大化成 (−c−b)，补交税款

还得交罚款；如果不逃税，那么所缴纳税费就成了损失($-c$)。可见两者的视角不同代表着不同的价值判断和社会责任：收税者认为纳税者缴纳的税费是社会财富的一部分，而纳税者认为税费是自己的财富。

不过抛开价值判断的差异，单从博弈论的角度来看，他们的支付虽有差异，但其均衡结果是一样的，因为他们之间的关系没有改变。同时也能看到，无论如何，在这一过程中社会的总体财富并未增加，而且还不得不付出一个检查成本，这也是无奈之举。但这种无奈又并非多余，因为它涉及社会财富的分配、发展等一系列社会整体运行的问题。

说到底，这部分检查成本唯一可以节约下来的办法，就是每个纳税者都将缴税视为应该履行的义务而加以履行。继续探讨下去大约已经离开我们的博弈论主题了，不过博弈论的众多问题都是现实中的问题，有所延伸才更能体会到博弈论的发展轨迹。

7 合作：狩猎博弈

原始人的生活大约是比较单调的，毕竟没有足够的精力夜夜围着篝火欢唱，那时更多的精力要留着狩猎，生存是最大的问题。

而原始人以家族血缘为纽带组成部落是必需的，因为单个个体基本没有生存下去的可能，在猎取大型动物时，一个部落有时限于人数根本无法完成，而联合其他部落共同狩猎大约是现代社会的外交雏形吧。他们的目的很明确，就是获得较多的食物。一个部落的劳力抓几只兔子、捕几条鱼是没问题的，不过要想猎到一只鹿或者熊，那就非常之难了。现在我们不妨把问题简化一下，构造一个模型来分析一下这个狩猎博弈。

现有两部落分别是炎族和黄族，把它们转化为个体，分别用炎帝和黄帝为代表，当他们合作时可能猎到麋鹿，所得支付为 10，双方各得 5；如果分头行动，则他们根本无法捕猎到麋鹿。但是他们如果分头行事，却能抓到兔子，不过兔子是有限的，一个抓到的多，另一个抓到的就少，他们彼此成为障碍，我们在这里假定他们的捕猎能力一样，此时他们各自所得为 2。合作猎鹿的支付显然大于分头捕兔子的支付，现在要分析的是他们能否为了获得更多的食物而选择合作去抓麋鹿。

我们以（炎帝，黄帝）的顺序列出一个代表合作与否的博弈模型：

（合作,合作） 5,5	（合作,不合作） 0,4
（不合作,合作） 4,0	（不合作,不合作） 2,2

这里的数据很有意思，先来看看是否合理。两人都选择"合作"或"不合作"的情况没问题，前提已经给出了各得支付为5和2。那么其中一个选择"合作"，另一个选择"不合作"呢？选择"合作"的一方在等着一起去猎鹿呢，而另一个早已跑去抓兔子了，而且把两者平分的兔子全部收入囊中，正在前者饥肠辘辘的郁闷之际，后者早已躲在一边偷着乐去了……

但是切记，作为我们研究对象的博弈双方确确实实都不是吃素的，他们都想到了这种结果，所以被人涮的两种情况不可能出现，而最佳结果也无法达成，正如囚徒困境一样，他们会选择"不合作"。所以他们得到的支付既不可能是5，也不会是4，而是最少的2。但与囚徒困境不同的是，他们事先是可以讨论达成协议的，为何仍不能改变这一宿命呢？

前文已经说过，任何无法得到保障的协议都是形同虚设的，正如没人执行的各式规定一样，等同于没有。他们的合作基础因为没有约束力，因而是否谈判并不影响结果。不过，这种谈判并非一点约束都没有，只是非常弱，这种很弱的约束力就是所说的彼此的信任。如果有一个监督者作为第三者来监督他们，这种约束就有了力度，不过此时不再是彼此的信任，而是制度的约束，那么监督者的公正与执行力才是保障合作的根本。也许先祖们无法找到一个合适的中间人作为监督者,因而选择了神或上帝来充当这一角色。

脱离开这个狩猎博弈的框架,原始人选择合作的可能也许更大,因为他们的背叛可能带来之后永远的不信任,而且可能会被许多部落抛弃,毕竟生存下去的环境非常艰难。人与人之间的不信任感是随着个体的生存能力和发展可能性的增大而增大的,信任更可能源自彼此依赖的现实。但是人类并非随着时间的延续而距离信任越远,只是这种关系要在更复杂的环境下以新的方式来实现。关于这一点我们在后文的蜈蚣博弈中还会进一步分析。

如果有人声称给他5元钱,他能在一年之内给你挣来5万元,估计没人信,但是包括华尔街在内的众多集资案件曝光后,人们发现在利益驱动下的信任不仅存在,还很疯狂。受了伤害的人大概从此不再信任别人,可是,在谎言揭开之前,这种信任是实实在在的,其实被骗的人更该反省自身的信任建立的基础,也许在利益面前,作为信任的基础是要有所制约的。

狩猎博弈中的信任基础就很脆弱,所以合作的约定就被背叛。

前提说:当他们合作时可能猎到麋鹿,所得支付为10,各得5。是"可能"而不"肯定",而抓兔子要容易得多,虽然前提说能抓到兔子,实际上,只是这种概率要远大于猎鹿。试想,只要两者合作就能猎取到麋鹿,他们还有不合作的可能吗?看来,信任并不是不存在,而是有条件,世上并没有无条件的、永恒的信任,即便是在最亲近的人之间,甚至对自己也是如此。这并不牵扯善恶问题。

现在来看另一种情况下的博弈模型,在炎帝或黄帝知道附近的确有兔子的情况：

双方都知道：

(合作,合作) 5,5	(合作,不合作) 0,6
(不合作,合作) 6,0	(不合作,不合作) 3,3

此时不合作策略所带来的支付之所以增加，是考虑只要有兔子他们就能想办法将其抓住，这一确定的信息给他们带来了额外的收获。

只有一方知道：

(合作,合作) 5,5	(合作,不合作) 0,6
(不合作,合作) 4,0	(不合作,不合作) 2,3

或：

(合作,合作) 5,5	(合作,不合作) 0,4
(不合作,合作) 6,0	(不合作,不合作) 3,2

这种看见兔子而放弃麋鹿的狩猎策略更接近自然状态，这一点从这个有趣的狩猎博弈的原始出处会看得更明显一些。

这一博弈源自18世纪法国启蒙思想家让雅克·卢梭的《论人

类不平等的起源和基础》(*Discourse on the Origin and Basis of Inequality Among Men*)一书,在书中他是这么说的:"人类就是这样于不知不觉中获得了对相互间的义务以及履行这些义务的好处的粗浅观念。但是,只有在目前的和显而易见的利害对他们有这样要求的时候,才会产生这种观念,因为他们毫无预见,不用说遥远的将来,甚至连第二天的事情都不会想到。如果大家在捕一只鹿,每人都知道应该忠实地守着自己的岗位。但是如果有一只兔子从其中一人的眼前跑过,这个人一定会毫不迟疑地去追捕这只兔子;当他捕到了兔子以后,他的同伴们因此而没有捕到他们的猎物这件事,他不会在意,这是无须怀疑的。"

回到开始的第一个模型,炎帝与黄帝选择"不合作"策略显然不是最优策略,但是面对另一方可能出现背叛协议而导致自己空手而归的风险时,他们都选择了并不占优的"不合作"策略,这被与纳什一同获得诺贝尔经济学奖的另两位博弈论专家泽尔腾和海萨尼(John Charles Harsanyi)称为风险占优策略,显然这代表了一类博弈,而不单指这个狩猎博弈。

在这一模型中,我们还能看到一个极具危险的事情可能要发生,最可悲的是,每个人几乎都能体会到这种可能性非常大。

当一方声明合作时,另一方如何决定?这是囚徒困境不具备的一个条件。

炎帝和黄帝此时是我们博弈模型中的参与者,不再是远古的神明,在没有"信任"作为附加条件的时候,无论对方声称合作与否,自身总是抱定不合作的态度——因为对方要是犯傻等着去猎鹿,那自己就得到额外收获,如果对方跟自己一样,那就各得所需。

这里面极可能出现的危险的事就是谎言。

下面将"信任"作为一个可观察的影响支付的变量引入狩猎博弈模型之中：

（合作,合作） $5+x, 5+x$	（合作,不合作） $x, 4-x$
（不合作,合作） $4-x, x$	（不合作,不合作） $2, 2$

x表示与"信任"有关的变量，不过这个x是外界的一个标准，而不是针对炎帝和黄帝的某一次具体的合作狩猎的指标。再进一步解释一下，当炎帝和黄帝选择合作策略后，会因为彼此合作所获得的收获更多而在彼此间逐渐产生越来越坚固的信任基础，这意味着两者可能最终走向联盟，即完全的合作，以至于形成一个新的更大的部落——华夏部落。

而当一方采取合作、而另一方采取耍小聪明式的不合作策略时，合作一方虽然在这一次狩猎中空手而归，但是他的名声却得以远扬，逐渐地为自己带来更多与其他部落的合作机会，因而他的支付是源自信任的x，而不再是0，同样，背叛合作的一方要在所得的支付上减去x。

除此之外，对于这一带有信任变量的模型，我们还能这样理解：如果x为正值，表示炎帝和黄帝之间有更多的信任基础；如果x是负值，表示他们之间充满了矛盾，毫无信任可言。当x大于2时，合作是最终解。

之所以多说了很多关于信任的话题，原因在于这并非与博弈论完全无关，博弈论固然只研究那些符合条件的案例，不过博弈论还有一个价值或者说意义正在于，它可以为人们提供获得更好的结果的路径。狩猎博弈中，博弈论告诉我们他们选择不合作的理由，而我们分析其背后的原因，以便找到可以合作的基础。博弈论中的确存在纳什均衡解，但现实中我们需要的往往并不是均衡解，而是最优解，或者说人们应该追求的是最优解，那么博弈论在此处充当的不是解决问题的答案，而是引导找到答案的方向。在之后的许多章节中，我们会以博弈论作为研究、探讨问题的起点，而在案例相关领域中给出更多的分析，实际上，从博弈论的角度，在更广泛领域中的探讨可以理解为解决不确定解的扩展式方案，它们并未完全脱离博弈论的范围。

8 敌友：信任的变量

时至今日，也许大家不再寻求狩猎的组合了，毕竟野生动物早已无法满足人类的食欲，而且作为地球成员之一的人类也开始反省，如今人类再也无法肆无忌惮地把狩猎看作正常行为了。那么，人们更倾向于合作搞点投资什么的。

两家大型投资公司盛奇和志高面对某一新兴的行业领域都表示出极大的兴趣，在竞争如此激烈的市场上，想找到一个可以引人入胜的新行业并非一件易事。当前局面存在这样几种可能：双方合作做大行业，则潜力无限，各方均会得到超乎满意的结果；如果双方各自为战，即不合作，那么双方彼此羁绊，虽然必有斩获，却不会很多；还有一种情况是，某一方做出合作的假象，却在暗中悄悄布局，等合作谈判破裂之际，它已占据市场，但这样所得的结果未必最佳，因为新兴行业的不成熟，盛奇和志高中的任何一家都无法调动整个行业的能量。

我们现在将这一现实博弈构造成博弈模型，来分析一下其中的细节。盛奇和志高合作所得支付为 100，各得 50；不合作所得支付为 50，各得 25；一方选择合作，一方选择不合作，选合作的一方为 0，选不合作的一方得 40。列在表格中就一目了然了：

(合作,合作) 50,50	(合作,不合作) 0,40
(不合作,合作) 40,0	(不合作,不合作) 25,25

很显然,这一模型正是狩猎博弈的模型,我们试图在新时代的社会环境和不同于原始社会的观念背景下寻找一个更好的结果,作为一个愿望,看我们能否超越先人。

为了分析得更具有一般性,我们将模型中的数字不那么具体化。

(合作,合作) a,a	(合作,不合作) 0,b
(不合作,合作) b,0	(不合作,不合作) c,c

根据前提所描述的情况,这里面的 a、b、c 三者的关系是:a 大于 c,否则就没有合作的必要了,如果两人在一起做事还不如分开来的效率高,就不要掺乎到一起;b 大于 c,否则不合作就没有意义了,这相当于自己做一件事还比较顺利,可是如果加入一个最终毫无帮助的参与者,结果只能是耗费了自己的若干时间、精力和物力,这类没有帮助的人可以形容为"成事不足,败事有余"的小人;现在要讨论的是 a 与 b 的关系。

如果 b 大于 a,很明显,这就是一个典型的囚徒困境,(不合作,不合作)是此模型的唯一纳什均衡解。

如果 a 大于或者等于 b 呢?此时的盛奇和志高虽然挂着国际

著名投资机构的牌子,但也并未显出比祖先狩猎时的彷徨有更多的智慧,一个更好的(合作,合作)解让位于风险占优的(不合作,不合作)解。

现在考虑社会环境的改变可能带来的新型关系。

在狩猎博弈中,最终不得不引入信任的变量来改变双方的博弈态度,把信任作为变量在当时的社会环境下是比较符合自然状态的,而如今不再需要神或上帝的出场,而是可以找到一个监督者了。

盛奇和志高不仅知道双方合作所能带来的超出一家单做的额外利益,而且切切实实地想促成这一结果,那么它们会采取什么方案呢?它们会通过谈判最终达成包含这样一种基本精神的协定:即双方合作投资这一领域,如一方单独采取行动则属于违约,那就要向没有违约的一方支付罚金 q,当然其中所产生一切诉讼费用 s 也由违约方来支付。此时的模型如下:

(合作,合作)	(合作,不合作)
a,a	q,b−q−s
(不合作,合作)	(不合作,不合作)
b−q−s,q	c,c

依然按照上面的两种情况讨论。

如果 b 大于 a,即囚徒困境,如果此时的罚金 q 大于 c,并且 a 大于(b−q−s),那么双方都没有选择"不合作"策略的理由,(合作,合作)是唯一解。双方如果真心想合作,而担心仅仅来自对方可能撤出的情况,那么它们在谈判中一定会试图通过谈判达成一个可以保证双方合作的协定,因而它们在最终的协议上为了表示各自的诚意,当然会把罚金 q 定得要超出 c,毕竟,只要双方按照约定采取合作策略的话,这笔罚金的数量到底是多少原本是毫无意义的,罚金仅是作为对出尔反尔的约束。

但是何以能保证 a 大于(b-q-s)呢?当然这并非一个单纯的计算问题,我们把具体的数字代入就能看得比较了然了。

(合作,合作) 50,50	(合作,不合作) 40,60
(不合作,合作) 60,40	(不合作,不合作) 25,25

其中 q = 40,s = 10,如果(b-q-s)仍然大于 a 的话,此处为 60,那么 b 该是多少呢?很简单的加法:b = q + s + (b-q-s) = 40 + 10 + 60 = 110。

如果是这样,你会怎么办?我是很理性的,从不感情用事,何况道德在此时也很"低廉",信任早已在人群中"消失",其实我想说什么?如果违约之后所得仍然超过双方合作所得,那为什么要合作?我宁愿交了罚金,补了诉讼费,自己还有额外的收获。另外,选择合作策略的一方什么都不用做就得到一笔罚金,而主持公道的诉讼机关也收到"彩礼",大家皆大欢喜!可是,天下哪有这样的好事?!所以这一结果不可能出现,可见数学讲究严谨,而我们要利用现实来练习排除法。

再来看 a 大于或者等于 b 的情况。q 大于 c,没得说了,(合作,合作)是唯一解。

有人也许会问，q可以小于c呀，那又会有什么结果？q小于c，意思就是罚金要比单干所得的小，双方当然就存在选择"不合作"的理由和动机了。现实中这种情况的确是存在的，上面说双方为表示诚意完全可以将罚金定得很高，但是还可能有另外一种考虑，那就是其中一方或双方除这一投资项目之外还有别的影响因素存在。比如它们各自正在投资另外的重大项目，由此担心公司的资金问题，也可能是对所在国家地区的某些政策、法规的不熟悉而产生陌生感，或者是来自众多壁垒，甚至若干突发事件的发生，等等。意思就是，诚意是有的，但说不定会出现什么意外促使一方被迫违约，这不是来自主观的违约。因而谈判中有种种顾虑的一方未必会同意将罚金定得过高，它要避免更多的损失，因而在此情形下，较少的罚金未必不能体现有顾虑一方的诚意，这也是现实意义上的谈判概念，没有哪个人和组织是生活在真空里的。

很明显，在现实中存在q小于c的情况，此时存在混合策略，但是也能看到，因为罚金q的存在，使参与者双方采取风险占优的(不合作，不合作)策略大大降低。

不过这一模型与带有信任变量的狩猎模型之间的差异还是非常明显的，那就是在双方采取合作策略的支付里少了一个增量，这是因为罚金制度所保证的只是针对某一协议而言，并不保证这一合作关系的长期性。当然现实是，如果双方合作愉快，他们会建立某种程度的信任关系，并在之后的合作中更加倾向于彼此信任。但值得强调的是，现代社会的基本方式是：信任仅仅作为合作的基础，即谈判的基础，而不作为最终签订协议的变量。

中国人历来讲究面子，有些话不好意思说出口，似乎把话说在前面显得很不够意思,也比较小气。可是在现代社会中,尤其是商品经济日渐发展的今天,这种碍于情面的事不仅没能保证有利结果的出现,反而造成违信背义的事层出不穷、屡见不鲜。无数凭着多年好友的身份合作创业的兄弟姐妹们都折戟沉沙于利益的沙场之上,而幸存下来的那些人们也空留了无数对诚信丧失的感慨,其实这不能不说是理念的滞后,错把情谊当利益。

该理性出场的时候,就不必考虑情感的纠葛,理性并不排斥情感,只是要给它一个活动的范围;正如情感对理性的介入,其结果不仅丢失了理性的结果,也损害了情感的归宿。在利益面前开始毫不计较的哥们弟兄最终有几个得了利益又加深了感情?大多数是伤了感情还丢了利益。

博弈论强调理性,但是研究博弈论并不是要彻底排除情感的因素,事实上,如果我们将狩猎博弈中的信任变量和投资博弈中的协议约束相结合的话,结果是很令人赏心悦目的。

(合作,合作) a+x, a+x	(合作,不合作) q+x, b−q−s−x
(不合作,合作) b−q−s−x, q+x	(不合作,不合作) c, c

诚信不仅赢得了声誉还带来了利益,而背叛不仅丧失了利益,还成为业界乃至社会的弃儿。真的,这时宁可特立独行,也别尝试背叛。还要说明一点,x可以作为博弈模型的一个变量出现,但是决定它影响力大小的,不是博弈模型,而是现实社会。一个将骗子的财富认可为成功标志的社会不可能令x的值更高,而一个将浑

水摸鱼、滥竽充数之辈奉为偶像的时代只能使 x 沦落为负数。

应该承认,在看待问题和认识问题的许多方面,现代人都有超出前人之处,但在某些方面做得似乎并不理想,因为曾经的朴实已经失去,而新的精致还未成形。

而猎鹿博弈的模型至今仍然纠缠着世界范围的国际关系,国与国之间的监督者由谁来充当？联合国并非世界联合总部,它没有太多的强制性。而国际间的诚信似乎更不靠谱,甚至连超级大国也并不在乎自己的声誉,它们在乎的是自己的利益。为此,可以无中生有地构造"大规模杀伤性武器"的传说,也可以"制造"各种打击对象以便促进自身的利益获取。在这样的背景下,别指望日益严重的气候问题能在哥本哈根的数日会议中得到解决,希望"低碳"的概念不被作为一个吸引人的噱头。而发生在中国南海的多方冲突更是提醒我们,中国传统的礼让也许不适合现代大国博弈的模型,只有实力才能为自己的合作支付增添砝码,才能让正值的 x 偏向我们。

9　管吗：公德博弈

世风日下、人心不古，这些属于道德层面的问题越来越多地成为大众关心、社会关注的话题，那么，我们能否用博弈论的知识分析一下其中的细节呢？虽然人们并不指望博弈论能解决这些道德问题，但由此揭示出其内在的若干特点，也许对于找到如何解决这些问题的方法能够提供一些可资借鉴的思路。

对干坏事的人"人人喊打"、嗤之以鼻的状态日渐被"旁观者"的冷漠所代替，似乎是正义正在沦落，这是许多人感慨、怀念"路不拾遗，夜不闭户"时代的理由。对于法治社会的建设和法制观念时代的到来，并不是每个人都已明白自己在新的社会环境里寻求正义的方式方法，也还没有清晰地意识到在新的时代背景下如何展现自己内心的正义感，于是可能会对自己的"冷漠"感到无奈，进而显出人格的麻木。不要着急，现在我们就来尝试解开这一内心的迷惑和焦灼。

在光天化日之下，偷抢行为被旁观者的冷漠所纵容，坏人从容离去，好人唏嘘不已，而受害者无奈地感慨世态炎凉。其实在面对这样的事件时，有两个方法可以伸张正义，一是见义勇为、挺身而出，二是报警求助，专业处理。我们先来分析第二种情况。

当犯罪行为发生后，个人或集体的损失，以及罪犯逃离后可能带来的更多的损害,我们统一归结为社会损失,数量为 s,如果罪犯被抓住,则社会所得的支付为 s;此时考虑参与者(也可称为目击者、现场者)的策略选择,假定有两个目击者郑义与甄世,他们可以选择"报警"和"旁观",当然选择"离开"也行,此处将"离开"合并到"旁观"策略。报警需要支付成本 c,旁观没有成本。关于成本,因为涉及目击者的利益,因而考虑目击者的机会成本,报警的成本里包括这一部分。另外需要假设这样的前提,即只要有人报警,罪犯必然被抓,反之如果没人报警,罪犯必然逃走,那么(郑义,甄世)的博弈模型是:

(报警,报警) $s-c,s-c$	(报警,旁观) $s-c,s$
(旁观,报警) $s,s-c$	(旁观,旁观) $-s,-s$

这一公德博弈模型的表示格式与之前的一致,但有些不同点,它们的区别在于:郑义和甄世两位参与者的支付 s 同时也是社会所得的支付,因而社会中的每个成员都能享受到。但考虑作为社会整体的支付时,并不重复计算,因而第一个方格里的(报警,报警)下的最终社会整体支付是 $(s-2c)$,而不是 $(s-c)$ 或 $2(s-c)$,同样地,在(旁观,旁观)的情况下,支付是 $(-s)$,而不是 $(-2s)$;在(报警,旁观)和(旁观,报警)情况下,支付是 $(s-c)$,因为只要有一人报警,罪犯就会被抓住。

作为整体的社会支付比如很好的治安环境是大家共享的,而不必累加所有享受到这一良好环境的个体支付,实际上,也没法加。

报警成本是唯一阻碍报警的因素,所以来分析 c。当 c 大于 s 时,不会有人报警,(旁观,旁观)是唯一解,这个不能怨郑义和甄世冷漠,谁都会这样,大家注意,在这样说时没有考虑道德因素,仅仅因为报警之后的社会总支付损失更大。当 c 小于 s 时,存在两个纯策略(报警,旁观)和(旁观,报警),当然还有一个混合策略均衡。

有一人报警的情况明显优于两人都报警或都不报警,但是谁会报警呢?郑义和甄世都这样想:如果他报警我就没必要报警,于是观望,观望的结果是罪犯逃离,两人的策略也成了(旁观,旁观)。于是原本出于观望心态的郑义和甄世所选择的结果令他们成了毫无怜悯之心、责任之感的冷漠的旁观者。

如果事先知道出现这种危险局面的可能,郑义和甄世能否加以避免呢?既然(报警,旁观)和(旁观,报警)是两个纯策略均衡,对于理性参与者来说当然要想办法促成这一结果的出现,正如斗鸡博弈中两个大公鸡徘徊不前的原因一样,他们需要一个外力来打破这一观望状态。可以是一方的声明,比如他没有可用于报警的设备,包括但不限于手机、电话卡之类的通信设施,还有比如其中一人对周边环境不熟悉而找不到附近的报警设施,如果这些设施的确有的话。而另一方此时已经明确对方不会报警了,那么根据"他不报警,我必报警"的原则,就出现了其中一人报警的情况,当然这是社会整体支付最佳的状态。

这个公德模型中目击者的混合策略是相对应的,我们分析其中的影响因素。很明显,社会支付 s 越大,报警的可能越大;而报警成本 c 的影响正好相反,c 越大,报警的概率越小。s 的大小不好确定,何况要目击者测算出 s 的大小才决定是否报警实在有点为难大家了。

看来在现实生活中应该努力降低报警成本,这是对的,至少拨打报警电话是免费的,而且任何一部电话只要有电、有信号就能拨打。但大家都知道,所谓报警的方式远不止于此,提供更多的报警手段也是促使大家摆脱"旁观者"的尴尬身份的好办法。但在现实中,报警后可能带来的机会成本是很大的,比如一次次作证或者接受询问等等,甚至会受到罪犯的事后报复,案件越复杂这种成本就越高。而实际中这些成本往往落在伸张正义的报警者身上,这是不公平的,不能不说这是"旁观者"的一大顾虑。

社会作为整体获得了有益的收获,但伸张正义的人却要因此受到损失而没能得到应有的更多补偿和保障,这些补偿和保障措施的缺失是非常令人遗憾的。总而言之,社会不该让伸张正义者在已经承担了道德责任后却还要承担更多的经济及其他责任。

当目击者不是两人而是很多人的时候,会出现什么情况呢?

有 n 多人在现场,每个人的想法都是"别人报警,我不报警;别人不报警,我就报警",这一模型的纯策略均衡解有 n 个,每个解都是"一人报警,其他人观望"(或者说旁观,这词冷漠得太刺眼,用委婉点的"观望"),当然还有一个混合策略。

如何才能保证一个纯策略的解出现呢?现实中似乎没有一个人人皆知的规则,比如公务员或者 20 至 50 岁之间的中青年来承担这一责任,即如果事后发现当时有公务员或者 20 至 50 岁之间的中青年在场,而他们没有报警,那么他们将承担相应的责任受到某种惩罚。

现实中出现纯策略解的情况往往是有人带头承担了这一角色,比如年长者或者正好经过的警察等等。那么,当这些条件都没有的时候,会出现什么状态呢?

为了将这一现实问题看得更清晰一些,这里不得不加上一些数学计算,当然还没学过概率的读者可以直接看结果的分析。

一个人选择报警的概率是 q,那么选择旁观的概率就是 $(1-q)$;某一参与者不报警,有其他参与者报警的概率是 $1-(1-q)^{n-1}$,根据参与者选择报警与不报警的期望支付相等(求解混合策略的等值法)来求解 q。

别人报警他不报警的支付是 s,所以他不报警时的期望支付是:$s \cdot (1-(1-q)^{n-1})$,而他选择报警时的支付为 $(s-c)$,所以

$$s \cdot (1-(1-q)^{n-1}) = s-c,$$

计算可得:

$$q = 1 - \left(\frac{c}{s}\right)^{1/n-1}$$

这就是每一个参与者可能报警的概率,而 $\left(\frac{c}{s}\right)^{1/n-1}$ 是其观望的概率。

我们带入几个数字看一下,比如报警成本仅仅是社会支付的百分之一,那么 $\left(\frac{c}{s}\right) = 0.01$,当目击者是两个人的时候,即 $n=2$,带入,$q=0.99$,报警的概率很大,而观望的概率仅为 0.01;当 $n=10$ 的时候,$\left(\frac{c}{s}\right)^{1/9} = 0.01^{1/9} = 0.59948425\cdots\cdots$,这是观望的概率,当

n = 100 时，$\left(\dfrac{c}{s}\right)^{1/99} = 0.01^{1/99} = 0.95454845\cdots\cdots$，当 n = 1000 时，$\left(\dfrac{c}{s}\right)^{1/999} = 0.01^{1/999} = 0.99540082\cdots\cdots$

到这时大家都已经形同陌路了。此刻更多的心理状况可能是不相信自己不报警真的会导致人人不报警。

可惜的是理性的人们没能避免悲剧的发生，而罪犯无意中在这里成了博弈论的高手。

再从另一个角度分析这一问题，如果只考虑参与者自身支付的模型是：

（报警，报警） $-c, -c$	（报警，旁观） $-c, 0$
（旁观，报警） $0, -c$	（旁观，旁观） $0, 0$

很显然，"旁观"是最佳选择，这也证明这一模型探讨的确实是关乎社会的公共责任，而不是个人的得失。可是如何能将个人的责任心与社会的公共责任相协调呢？期盼每个人的道德力量吗？而且现在还不涉及见义勇为，仅仅是报警，或者还有别的不依赖道德力量的办法？

既然是法治社会，那就不妨从法制的角度来试想一下。能否将之视为一种公民必须履行的义务，换言之，不报警将受到适当惩罚？当然这是一个办法，但在执行层面可能不是什么特别好的办法，也不会显得以人为本。

增加报警设施也是一个办法，可是安装了报警器后还会担心被人为地、毫无目的地破坏,而为了监督这种破坏行为需要进一步的成本付出,并且还不是一劳永逸的,也许这个成本已经远远超出了购置、维护报警设备的经费。看来教化人以提高素质才是长久之计,绕了一圈,该下功夫的地方还是在教育。与教育相关的话题后面还会提到,但实际上并不是找到了依据,相应的问题就迎刃而解了。

不过从这里我们也能看到事情的另一面,并非事事都要诉之于道德力量,而在"世风日下"的感慨中,还有不以强调道德为是的处理办法。是否可以认为这种与全民素质相对应的报警系统才是符合现代社会的,用来维护和体现公共责任的手段呢?而个人对社会、他人的责任心,以及自身的道德(并非所有人的道德都有足够的力量支撑自己挺身而出)也通过这一系统得以完成和实现呢?显然,这里说的报警系统不限于讨论的这类案例,也适合那些比如对腐败的监督等涉及公共利益的例子。

接下来的一个现实问题可能是,报警后真如我们在案例模型中所说的,能够做到"伸手必被捉"吗?报警后如果罪犯依然逃脱,逍遥法外了呢?从个人的角度看不出其中的差别,因为参与者仅仅是面对成本 c,因而这种情况下还是要考虑社会支付的情况:

(报警,报警) $-s-c, -s-c$	(报警,旁观) $-s-c, -s$
(旁观,报警) $-s, -s-c$	(旁观,旁观) $-s, -s$

这显然是最糟糕的局面,是要极力避免的。越是引人注目的

事件，处理的结果就要越明确，因为这时的社会支付很大，处理好了，正面影响收效很大，处理不好，负面影响也很强大。

的确，一个人做好事也要有一个基本的可以做好事的环境和条件，比如上面提到的第二种办法——见义勇为。

总在事后对道德楷模加以褒奖的方式是不是一个长期可行的制止不道德行为的有效方式？

见义勇为者常常被身边的家人、朋友形容为"傻"，而且还要冒着被人报复的忧虑，这就是勇敢者面对的现实环境，它足以窒息这一人人期望的感人场面的出现。

能否制定对见义勇为者更有利的规定，令这种褒奖具有事先性？将保护和补偿做到位，不应该让一个做好事的人额外付出的太多，否则这个容忍勇敢者额外付出太多的社会就是不道德的。有人可能因此认为由此产生的勇士们不再是单纯的道德楷模，因为可能出现纯粹为了得到补偿而挺身而出者，但问题是，我们的道德难道仅仅是要塑造道德楷模，而不是获得正义和安定？给道德附加过多的理想主义色彩本身是否就显得不道德，而一个能维护社会公共责任的系统为何不能具有道德性？"以人为本"的制度大概也应该包含这个更现代的含义。

10　利益驱动：篱笆博弈

现实中的无奈还有很多，当我们利用博弈模型加以分析之后，在对待某些问题的看法上也许多少会有所改变，正如之前讲过的那个大小猪的故事。不过在大小猪的问题里小猪仅仅是搭便车，还有更气人的呢！

> 张珊和李思比邻而居已有多年，他们生活的山村淳朴而安静，他们彼此和睦，院子也都是敞开式的。可是最近出现了一些不愉快的事。张珊家里养了一群会下蛋的鸡，它们不像自己的同伴肉鸡那样被关在一层层的笼子里，活着就是为了给人提供营养不高的食物，它们的生活有一定的意义，因为可以自由自在地寻找食物、呼吸空气，还能下有营养的柴鸡蛋。但是这些幸福的鸡太自由散漫，而且也没有什么领土意识，所以它们经常溜达到隔壁李思家的院子里"偷吃"他家的菜。说来也巧，李思家养了一只小花狗，这只小狗发现这件事以后，就将抓鸡、赶鸡视为自己的责任和工作了，它不仅在自己院中保护菜地，还会穷追不舍地到张珊家去闹，结果这些幸福的鸡被吓得都不下蛋了。

这件事情还是比较容易解决的,只要在两家院子之间修一道篱笆墙就基本解决了,虽然还可能偶有意外,但是都在大家可接受的范围内,无关大局。修篱笆墙当然是好事,双方都能得到好处,但是修篱笆墙需要一定的付出,谁来支付这个费用呢?按理说双方均摊成本是最合情合理的了,会这样吗?赶紧构造一个一目了然的篱笆博弈模型吧。

(出钱,出钱) 5,5	(出钱,不出钱) 4,5.5
(不出钱,出钱) 5.5,4	(不出钱,不出钱) 0,0

按照(张珊,李思)的顺序,先看所得支付是否正常。大家已经知道事情的来龙去脉了,所以张珊和李思一起出钱的结果是双方都有好处,虽然篱笆墙可能要花去10的建设费,不过张珊家营养丰富、味道鲜美的鸡蛋会带来不少收获,而李思家种的无公害绿色蔬菜更是广受欢迎。可是如果一方不愿出钱,篱笆墙的全部成本10都落在另一方身上呢?出钱的一方仍有收获,只是必定要少一些;而不出钱的显然是免费享受到好处,要比出钱的时候得到的多。但出钱的一方所损失的支付不会是均摊时的一半,比如2.5,而不出钱的一方也不会因此得到10的支付,因为修篱笆是一次性行为,而受益是长期的,所以表中的数字只是示意性的,表示选择不同策略时支付的变化关系而不是数量关系。

有人会认为双方都不出钱时的支付应该是负数,因为没有篱笆墙的话双方鸡蛋和蔬菜都受到了损失。不过应该注意到这一修建篱笆的模型正是为了解决这些损失而建的,那么无论哪一方出钱,在修建篱笆后双方所得的支付其实就是挽回的损失,所以没有篱笆墙时的状况就是这一模型的基点,因而此时的支付为0,而不是负值。

对于不会因为对方是否出钱而感情用事的两位博弈者来说,"不修篱笆墙"显然不是问题的解,而"一起出资修篱笆墙"的策略很可惜也不是均衡解。

这一模型跟大小猪的不一样,跟大公鸡的也有差别。看吧,人一出场,气势就是不一样。(出钱,不出钱)和(不出钱,出钱)是两个纯策略均衡解,当然还有一个混合策略解。

张珊和李思到底谁会出这个钱呢?博弈模型告诉我们,一定会有人出的,但单从现有的条件来看无法确定是谁。这一结果的意义在于明确了两者"都不出钱"或"都出钱"的情况难以出现,那么其中一方可以强硬地声称自己不会出这个钱的,而迫使另一方相信这一点。但是声称坚决不出钱的状况是非常危险的,因为双方都可能会强化这一声明而将篱笆墙搁置一边,那么理论上的均衡解在现实中可能成了悬而未决的问题。

如果是客观上存在其中一方因为经济条件而无法担负修篱笆墙的一半费用时,均衡解较易出现,即由经济条件相对较好的另一方承担费用。

每当世界某个角落出现动荡的时候,大家总能看到若干大国插手其间,当然它们的头上都打着"正义"的幌子,先不说它们的好坏,单看它们为利益会如何处理。

看似穷困潦倒、满目疮痍的穷乡僻壤为何屡屡受到这些大国的"关爱",不惜增加巨额财政赤字,再搭上缅怀战士的无数墓碑,也要寻求和捍卫"正义"? 真的是令人热泪盈眶进而感激涕零了,我们只能相信它们的眼光要远胜吾辈。而对于战争题材的若干大国拍摄的大片也谨守反战不反票房的精神,这一问题着实令人烦恼,不过还是把票房和正义分开看好一点,一个物质一个精神,这样也许能心安理得一些。

那个几成废墟的不毛之地不过是大国博弈的棋盘罢了,而那道篱笆墙可能会被换成水泥的墙面加上两侧的铁丝网,或者仅仅是一条无形的分割线。现实中我们反而很少见到一方坚决不出钱的事,结果往往是在杯觥交错间握手言欢,这是因为要考虑长期利益。正如狩猎博弈中单次博弈与长期信任的道理一样,篱笆模型描述的是一个独立个案,通过个案揭示这类博弈的特点,从而找到在现实中可能的应对之策,合作解是完全可能出现的。在长期博弈之中,个别的篱笆成本由其中一方支付也很正常,因为它会在别的时机再把损失找回来。

不计后果极端的直接对抗也会出现。如果你想把导弹安在别人家门口,而对手还很强大,导弹也多得很,它一旦知道就会强烈摆明态度,让你赶紧把导弹拿走,否则不惜代价也要摧毁。双方当然都不愿这样,一开始偷偷安装导弹的也没想让对方知道,不过还是没瞒住,这时候更像斗鸡模型了。均衡解告诉我们一方必须退让,事实也正是这样。

1962年的赫鲁晓夫对包围在苏联周围的美国轰炸机基地,还有分布在土耳其、意大利、西德的导弹感觉很不爽。他为了在苏美之间达到平衡,决定尽快运些导弹到刚被美国欺负的古巴去。

当时苏联决定在古巴部署中程导弹,提供伊尔-28喷气轰炸机。第一批经过伪装的武器在7月下旬用商船运抵古巴。9月2日,苏联公开宣布,根据苏古协议,苏联将向古巴提供武器和技术支持,此时部署工作已近尾声。

10月14日,是个星期天。两架美国U-2飞机掠过古巴西部上空,拍摄了大量照片。回去拿给专家们一看,第二天,他们认出了发射台、弹道导弹,还确信发射装置上安装的是核导弹。

10月16日,得到汇报的肯尼迪非常恼火,态度非常强硬。10月22日,肯尼迪向全世界发表广播讲话,通告苏联在古巴部署核导弹,宣布武装封锁古巴,要求苏联在联合国的监督下撤走已经部署在古巴的进攻性武器。这让赫鲁晓夫大吃一惊,他没料到肯尼迪的反应这么强烈,于是他下令加速向古巴运导弹和轰炸机。随后的几天,局势非常紧张,大战一触即发。

这正是斗鸡博弈模型,必须有一方放弃才能出现均衡解,当然现实中可能最终爆发人类第一次核战争。幸好10月28日,外交谈判成功。赫鲁晓夫宣布撤回古巴导弹。美国同意不入侵古巴,作为安慰也象征性地撤回一些部署在土耳其的导弹。古巴导弹危机随之结束。11月11日,苏联部署在古巴的42枚导弹全部撤走。

在这场博弈中吃了亏的苏联当然不会就此罢手,随后的军备竞赛愈演愈烈。

而古巴在整个事件中的立场要比苏联强硬得多,古巴坚决不同意撤出导弹。但在这一博弈中,古巴的意愿起不到什么作用。

再回来看看篱笆模型对日常工作的一点启发。

一个企业与员工的关系或者企业主与员工的关系有点类似篱笆模型里的张珊和李思,他们彼此需要合作,不过修篱笆的肯定是企业主而不是员工,这样他们能够得到比较好的结果。如果企业主等着员工主动搭建良好的工作平台,或者为了业务工作搭上自己有限的物力,那么那道篱笆墙估计是修不起来了。而且企业主不仅要考虑自己与员工之间的篱笆墙,还要考虑员工与员工之间的篱笆墙。

事实上,从长远利益上看,企业主所得支付要大于员工的支付,而不是像篱笆模型中两者相等,因而对于企业主来说,承修"篱笆墙"是没什么值得犹豫的。但是,现实生活中并不是每个企业主都知道这个道理,他们会试图督促员工来做这件事,可想而知,这样的企业想要生存都得打个问号,更遑论发展了。

11　想富：修路模型

"要想富,……"这一句式的标语口号的后半句有很多种,这里要说的是"先修路"。路通了,人和物就能更便捷地活动起来,而经济活动也随之活跃,那么就可能创造更多的财富了。显然,"修路"不是"致富"的充分条件,而是"致富"的必要条件。可是路由谁来修呢?

先看两个参与者的情况。一个还没有通路的穷山村,只住了两户人家,一家富裕,一家贫穷,如果把路修通了,穷人所得的支付为5,富人所得的支付为20,因为富人利用资源的能力更强。俗话说"有钱的越有钱,没钱的越没钱"就是这个意思。而修路要支付10的成本,都不出钱修路,则维持现状,没有变化。现在按(穷人,富人)的顺序列出修路模型。

(修路,修路) 0,15	(修路,不修路) -5,20
(不修路,修路) 5,10	(不修路,不修路) 0,0

这也是一个简化的模型,因为路修好以后带来的收益是长期的,而不可能将成本一次性计入单次收益中,但这样处理是要说明

这一模型所阐述的关系,而不在于数量。

(穷人不修路,富人修路)是这一模型的均衡解,这与常识是一致的。那么进一步考虑,如果人数很多呢?穷的、富的、不穷不富中不溜的,参差不齐,还有没有可能把路修起来?

惠及乡里的事有人做,但说实话,做的人不多。每个人都不愿独自承担成本,而有条件的人家往往只修自己家门前的一段,这也无可厚非。当全体或大多数住户都意识到必须修路以改变现状的时候,有这样几种修路的可能方式。

按照一定的比例出资,富裕的多出,穷的少出;也可以由某富户人家主动承担一部分,比如一半,剩下的由其他人家分摊等等。但是这种集资修路的办法无论是组织还是最后执行,中间环节和事务都会比较繁琐,最方便的当然是政府出资,但是地方财政未必有这个能力,这都是现实条件产生的矛盾。其实民间集资是无奈之举,因为在他们互相考虑自身所得所失的博弈之前,他们与政府构成另一对博弈。

政府作为博弈的一方,村民作为另一方。他们之间的关系基本就是篱笆模型里的张珊和李思。说民间集资是无奈之举,就是因为政府已放弃修路,当然原因如上面所说是多方面的,这就是表明一方无力承担此事,而另一方不得不考虑承担修路的成本。

在此模型中,政府应该担负修路的责任,因为村民只在是否民间集资这一点上可以视作一个整体的博弈方,而在实际中,一个较长时期内每一个村民所得收益都要低于政府(政府的收益不限于经济收益,而是包括社会发展所带来的众多结果)。考虑到客观因素,一个由政府牵头,争取民间资金联合修路的办法大约是可行的。

然而,大路、小路处处设收费站,甚至从村里过也要留下"买路钱"的新闻屡屡见诸报端,这不得不令人对这种创收模式感到担忧。修路的实质不是为了收过路费,这种急功近利的方式对于经济健康、长足发展来说,那真是本末倒置。

与乡村缺乏修路资金不同,中国当今城市的市政建设突飞猛进,城区的边界线不断外移,速度之快令地名都没有积淀的机会,带着什么村、乡、屯、店等后缀的新城市地名层出不穷,令地名大辞典的排序和体例一变再变,跟不上脚步,而地名大辞典的编纂者也是气喘吁吁,疲于搜集。

在城市道路修建中,作为整体可以看作是三方博弈,政府一方,有车族一方,无车族一方。说明一下后两者所指范围,有车族实际说的是更多地利用新修道路增加自身收益者,如果只知道在斑马线附近用改装车狂飙的可以不计算在此列,当然此类也不能归入无车族,在我们这一模型中将之剔除,没他们什么事。因而有车族一方不完全等同于实际拥有车辆的人,这有点像两户人家的山村里的富户;无车族是指很少因新修道路获益者,甚至其收益指数可能为负值,因为要考虑随着道路交通的增长,交通工具的增长,空气污染随之加重,即便被挤到路边也无法躲避吸入有害气体的命运,而带来的疾病所面对的离谱药费还得自己掏腰包。

在这三方博弈中,修路所带来的总体支付还是正值,至少当前单从表面上看还是这样,因为城市的扩张到什么地步可能令社会整体效益走向下滑还没有结论。那么政府出资修建、扩建道路作为一个均衡解还是没错的,但对三方中所获支付最少的无车族一方应该考虑补偿。

为什么要说"补偿"？既然都是理性选择，就没什么"补偿"可言！分析一下，政府将资金"用之于民"，但这些资金是"取之于民"的，哪些人是"取之于民"的"民"的主体呢？无车族一方。哪些人是"用之于民"的"民"的主体呢？有车族一方。这就好比村里的穷人修路、富人使用一样。政府作为全体的代表在这个博弈模型中并不是与另外两方对立的，而是要保证长期收益。同样，有车族和无车族两方也不是对立的，在这一博弈中需要政府一方出面协调，平衡支付。如果这也能跟和谐社会挂上钩，我们不妨将之看作和谐社会的一个博弈阐释吧。

在城市中还有其他的修路方式。依附于房地产开发的街道，开发商承担小区周边街道的修建，这是划算的，修路的成本并不是在房地产利润中剥离，而是增加房地产利润，因为良好的交通所带来的房价增值空间要远大于修路的成本。但不排除有些开发商假定了路被修好后带来的房价攀升，并以预期的较高价格出售，却"忘"了修路。

修路对于单个开发商来说很好解决，可是如果两家房地产商隔一条还没修的街相望呢？谁来出资？这又是一个典型的篱笆博弈。

12　非地：公地的悲剧

2000年，一场突如其来的沙尘暴席卷了北京城，令身在华北平原的人们体验了一次大漠风情，不过好像没了"大漠风尘日色昏，红旗半卷出辕门"的豪爽气，而成了"漫漫复凄凄，黄沙暮渐迷"的灰头土脸。

更严重的事发生在2003年，5月5日星期一下午，新疆、甘肃、宁夏和内蒙古等地部分地区的天空忽然翻滚着红的、黑的、黄的彩色浓云铺天盖地而来，昏天黑地之后，死亡67人，失踪20多人，摧毁林木9万余株，750根电线杆被破坏，羊群损失3万多只，天上掉下的沙子平均落了20厘米厚，最厚处达1.5米，其中河西走廊和宁夏中卫地区受灾最为严重，亲历者当时以为是爆发了核战争。

这不是玩笑，也一点都不应该笑。

将这幅犹如世界末日的画面放在此处，我一时竟不知是否合适了，本来是想用它作为我们即将讨论的一个博弈模型的实例，可是当这些数据从资料里被引用到自己笔下时，却依旧令人触目惊心、心有余悸。虽然关于环境的问题复杂而沉重，但并不是这里要解决的。不过，我决定还是将它留下来，作为一个警醒，也作为我们接下来讨论的"悲剧"的一个注脚。

1968年,加利福尼亚大学生物学教授哈丁(Garrett Hardin)在《科学》(Science)杂志上发表了一篇文章"The Tragedy of the Commons",通常翻译为"公地的悲剧"。我们先来看看要用博弈模型刻画的"悲剧"是什么样的,再来分析其中的前因后果。

脍炙人口的北朝民歌《敕勒川》唱道:"敕勒川,阴山下。天似穹庐,笼盖四野。天苍苍,野茫茫。风吹草低见牛羊。"像珍珠一样撒满美丽草原的牛羊自由自在地吃草,牧羊姑娘骑着骏马放声歌唱。这些迷人的景象如今已经不再,甚至在文学作品中也日渐消失,也许在若干武侠小说中还会存在一些年月。

人口与土地(或者现在常说的更广意义上的"资源")之间的矛盾是一个永远不能逃避的难题。

在人口数有限的时代,广阔丰茂的草原就像用之不尽的天然牧场,每个人都不会为越来越多的成群牛羊而担忧,反而会嫌少不嫌多。但是土地对人及动物的承载能力却与日俱下,实际上,随着人畜数量的不断增加,为了能让自己的牛羊吃上鲜嫩的食物,许多大大小小的群体之间不断爆发争夺草场的争斗。

我们在这里并不讨论宏观的、政治意义上的为争夺土地而爆发的战争(这些内容放到历史学里研究可能更合适),只讨论可能引起这一结果的博弈模型。

每个牧民家庭都会倾向于不断地增加自己的牛羊数量,作为公共资源的大片草原提供了充足的食物,但我们知道,一片草场所能容纳的牛羊数量无论多大都必定有其上限,在数量范围之内时,增加牛羊数量自然增加收益,但当总数超过了上限时,随着牛羊数量的增加,每只牛羊的平均收益会加速下降。

但是对于允许自由放牧的公共草场而言,平均收益的下降并不能阻止每个家庭继续增加牛羊数量。因为他们是这样考虑的:多一只家畜的收益归自己,而过度放牧可能引起的损失是由全体放牧人员承担的。理性放牧人的理性选择就是:多养一头牛、多养一只羊,再多养一头牛、再多养一只羊……

而草场的最终命运就是毁灭,这就是公地的悲剧。毁灭的结果显然不是理性人所要的结果,但是这种悲剧却成为现实。

依据这一公地悲剧模型,大家应该能够很容易理解全球公海的海洋生物受到一些海洋国家大肆捕捞渔猎而濒临绝迹的现实。不过,爱吃鲸的民族依然非常诚恳非常有礼貌地说:"各位朋友,请大家尊重我们的饮食习惯,ありがとう!(谢谢)"悲剧吧?悲剧!

人类至今还没有更好的办法对这种行为加以约束或者制止。能否通过对公海领域主权的划分来解决这一问题呢?我们不妨对这一公地悲剧的模型进行更多的分析。

上面说到的放牧、渔猎是从公地中索取,可能的解决办法是将公地变为私地。作为个人的财产,理性人不会永无止境地开发自己的私地直至毁灭,当然更不会允许其他人来毁坏。这种情况下应该能想到更多的可持续发展的办法,至少,在不能完全变为私地的时候,可以考虑所有权与使用权的分离,即公共所有,限制使用。这样一来,公地的直接悲剧有望避免。

哈丁在25年后的1993年发表了另一篇同名文章"公地的悲剧",文中说根据1974年的卫星照片可以看到一幅完完全全的公地悲剧。位于北非的一片面积为1010平方公里被圈起来的土地上绿草肥美,而周边的土地已经荒芜。原因很简单,圈内的土地是私产,被分成五份。每年牲畜只吃五分之一的绿草,这样一来,每块土地能得到四年的休养期。

看来将公地转为私地是一个办法,这也是哈丁认可的一种办法。但大家可能已经发现会出现新的问题,如由谁来制定公地私用的限制条件?这是否可能导致不公正结果?虽然出现不公正结果是另一个社会问题,而不是"公地悲剧"。但是在监督缺失或者薄弱的情况下,此时的公地悲剧可能演变为另一形式。这一形式不是公共自由的"过度放牧",而是得到使用权的若干人有意的"过度放牧"。

那么,更进一步,把公地完全私有化能否解决"过度放牧"呢?

对于公地的使用不仅有索取,还有"施予",比如排放污水、化学污染物等等。哈丁认为理性人会发现,向公共资源中排放污物的成本低于排放前对污物进行清洁的成本,如此一来,就是一个"自毁家园"的局面。

公地变为私产能否保证不受污染呢?显然不是,公地的私有化也难以杜绝破坏,并且这种被法律保护的私地所受到的来自土地所有者的破坏还会令各种解决方案全都无效。

全球河流大都受到污染的命运,而五彩斑斓的污染物仍源源不断地继续汇入大江大河之中。如果有谁提出河流的私有使用权,可能会直接被唾沫淹死。对于空气、水源等公共资源,公地悲剧模型是很现实的。面对"悲剧"却无法改变,这是最令人痛心的。

不过理解这一模型会对一些问题有所帮助,比如城市中日益膨胀的停车问题。经济的发展带来财富的积累,汽车保有量不断增长,而停车场地有限,如果将停车场划为自由停车地,可想而知不仅无法解决停车问题,反而会增加更多因停车引起的纠纷。

另一个随时代变化的例子是公园。在近代中国才出现真正意义上的公园,之前只有私家园林,包括皇家苑囿也是皇家私有,普通人根本不可能出入。直到清末民初,随着西方城市概念的传入,现代意义上的城市公园开始进入大众的生活,单在北京,清末民初就先后开放了中央公园(现中山公园)、农事试验场(现动物园)、城南公园(现先农坛)、天坛公园、北海公园、京兆公园(现地坛公园)、颐和园等等。

它们在开放之际,大都强调城市人口众多,需要一个可以安静休憩的场所,同时总结公园的益处,大致有三点:有益于卫生,有益于民智,有益于民德。公园的作用自不待言,现在也同样具备。但是随着人们大量涌入自由开放的公园,锣鼓喧天、其乐融融的场景并不能令每位游客都能得到精神上的休憩,换句话说,游览公园的价值是递减了,也许有些公园也已出现公地悲剧的效应。但是重回私家园林显然是历史的倒退。

哈丁在论文中提出公地悲剧是为了讨论人口问题,过度放牧、污染等问题也被归结于人口增长,考虑到论文发表的时间,我们并不直接评价这一结论。哈丁认为在人口问题上也存在公地悲剧,"自由的生育是无法容忍的",因而需要加以限制。这个结论的出发点虽然与张竞生、马寅初(两位是在中国提出科学生育的先行者)他们不同,但是结果倒是殊途同归了。关于计划生育是否导致遗传的缺失或者引起更多麻烦的事,包括道德问题,并不是公地悲剧模型所能解释和解决的。

上面的若干案例再次说明,博弈模型虽然可以解决许多博弈问题,但博弈论并不是直接解决所有问题的工具,它更是一种用以分析问题的工具。它揭示分析对象的博弈属性,并以此提供解决问题的思路。比如按照哈丁的关于污染的分析,控制排放污染物前后的成本倒是一个办法。如果用于清洁的成本低于可能带来的处罚,甚至现在可加以循环利用,不仅保护了环境还节约了成本,那就更好了。不过这已经不是博弈论要干的活了。

不得不再说一句,2010年3月20日中国北方大部分地区又迎来一场漫漫黄沙天上飘的沙尘暴,不过这次的沙尘"玩性"不减,一路飘荡去了上海、杭州、香港等南方省市,甚至连韩国的首尔也"沾了点光"。到2017年,雾霾逐渐代替了沙尘暴,环境问题依旧存在。

13　规范：模式发展

一路走来，有点累，总结一下，稍事休息。

在朋友博弈的分析中，最终是通过各种不同条件的扩展模式加以解决的，当时大家就看出了这种方法不像单纯的数学模型来得干净简洁，似乎这些扩展需要的前提条件带有某种随意性，甚至可能会怀疑这样做有点太过活灵活现了，以至于不再具备博弈论严谨的姿态。这种想法部分是正确的，所以朋友博弈中使用的扩展方式也被称为非规范的博弈扩展（"非"什么是带有数学味道的说法，而不加"不"，"不"更强调否定，而"非"仅仅表示不是）。这种想法还有部分不那么准确，因为任何理论都是为解决现实问题的，区别在于有些理论更加抽象、更加严谨，但并不是所有的理论都如此。

现在解释一下"策略：斗鸡博弈"一节中斗鸡博弈的扩展解决方式。单就斗鸡博弈的策略分析就停留在"策略：斗鸡博弈"一节中的结果，即混合策略和纯策略共存，没有办法得到进一步确切的结果了。而扩展式的办法类似朋友博弈，可以讨论多种条件下的情况。

我们用《庄子》中记载的一个故事来说明扩展式斗鸡博弈的解决方案。

《庄子·外篇·达生》中讲了一个关于斗鸡的故事：纪渻子为王养斗鸡，王等得不耐烦。十日而问："鸡已乎？"曰："未也，方虚骄而恃气。"十日又问，曰："未也，犹应向景。"十日又问，曰："未也，犹疾视而盛气。"十日又问，曰："几矣，鸡虽有鸣者，已无变矣，望之似木鸡矣，其德全矣。异鸡无敢应者，反走矣。"哇，文言文就是精炼，这要换成白话得一大段呢！不解释了，意思很明白，词句讲解归语文课。

　　这则故事也是成语"呆若木鸡"的出处。这里的木鸡通过纪渻子的训练，加上自身的刻苦努力，已经做到"不战而屈人之兵"了，那结果自然是没有哪只犯傻的鸡再去找它争斗了，如果哪只衰鸡（之所以衰正是因为遇到了该木鸡）不幸在独木桥上遇见了这只木鸡，双方都有占优策略：（木鸡进，衰鸡退）。

　　这正是斗鸡博弈的一个扩展——呆若木鸡式扩展，它为纳什均衡找到了唯一解。这种方式的确不是规范的，但是它在谈判、对峙当中依然能够成为很好的应对策略。而这种以某种关注点作为获得预期均衡的扩展依据就被称为焦点均衡。

　　纵观如今的商业世界，随处都能发现类似的两只"大公鸡"，可乐市场的可口和百事，快餐中的麦当劳和肯德基等等。差异化经营当然是个好办法，尽量减少目标人群的交叉可以避免直接冲突，这就像多修了一座桥，或者两座桥有很少一段共用的部分，这样双方相互之间就不怎么碍事了。但无论如何，你买了丰田车就不会买福特车，除非你想买两辆，不过当你的丰田车可能被召回的时候，福特就是个好选择，当然选择通用的也一样。如果喝了可口可乐，就放弃了百事可乐；如果在麦当劳吃饱了，就不必再去肯德基加顿餐。事实就是这样，总有某个时间，竞争需要面对面，它们的焦点何在呢？算了算了，反正它们也没打算给我们咨询费，我们也懒得为它们的事发愁了。

　　回到我们的总结上，可以看到称之为非规范的办法，并不意味着不是解决问题的方式，而是指无法用统一的模型或模式加以解决，属于具体问题具体分析，而不具有很强的抽象概括能力。那么有没有规范的方式呢？回答是肯定的：有的。不过不必着急，让我们一步一步来。

第三章
寻找：完全信息动态博弈

> 要想知道田里种的是什么，
> 只要看一看人们在做些什么就可以。
> 人们捡起信息，分辨出那些真正
> 有价值的，然后，依此行事。
> ——玛格丽特·惠特利

1　扩展：海盗博弈

这片蔚蓝的海域不是亚丁湾、索马里海域，也不是《海贼王》里伟大的 One Piece 航路，仅仅是像加勒比海盗一样传说中的一片有海盗出没的海域。

这一日，风平浪静，五个能干的海盗终于有所斩获，他们获得了 100 个传说中的金币，这种金币有个奇怪的特性，那就是以单个金币为最小单位，无法细分为半个之类——其实一点也不奇怪，因为这是我们为分析问题而规定的特性。

每人分得 20 个金币，足够美美地享受若干时日，而不必每天在海上风吹日晒了。可是，其中有海盗不这样想，他提议说，我们来抓阄，按照从一到五的顺序提出各自的分配方案，如果超过半数的人同意，就按照这一方案分配执行，而如果没超过半数，则将此人扔到海里喂鱼。接下来的人再提出分配方案，以此类推。

可以想象海盗的性格都格外豪爽和贪婪，而不是"知足常乐"型的，他们更想寻求刺激，这种富于挑战的办法远比平均分配来得过瘾，至少这说明他们对自己的智力很有信心。单从他们接受这一方案来说，他们与索马里海盗以及《海贼王》里的路飞等人的行事方式显然不同。还因为这几个海盗进入了我们的研究视野，那就意味着他们都聪明得一塌糊涂。

第一个人会有什么好的办法呢？其实他该想想是否放弃全部金币，因为把他扔下去，分金的人就少一个。可是他声称全部放弃也不行，如果他活着难保会有秋后算账的那一天，因而无论他说出什么分配方案，都会听到后面四个嘿嘿冷笑的家伙说："对不起，兄弟，我们真的没法同意你的方案，还是我们帮帮你吧。"所以，第一个、第二个、第三个、第四个都被扔下去了，第五个独得金币！

他们就是为了寻求这个刺激吗？如果就这么简单，还要我们干吗？

我们来看前三个被扔下去之后，会发生什么。按一到五的顺序我们把海盗称为海盗甲、乙、丙、丁、戊。

剩下海盗丁和海盗戊时，海盗丁有什么好办法能让海盗戊不把自己扔下海里呢？正如上面所说，到了这一步，已经没什么好说的了，因为规则规定要超过半数的人同意才能通过，海盗丁说什么都会被海盗戊否定的。

既然如此，同样是非常聪明的海盗丁能否避免这一局面的出现呢？可以，如果海盗甲和海盗乙已被扔下海，他只要无条件地同意海盗丙的方案就行了，因为海盗丙自己加上海盗丁的赞同票，就没海盗戊什么事了。问题是海盗丙能否意识到这一点呢？当然可以，在这一点上海盗丁还是对海盗丙充满信心的，所以海盗丙会提出一个很苛刻的方案：海盗丙、丁、戊分别得到的金币数是 100、0、0。海盗丁吃个哑巴亏，但是保住一条命，不是吗？海盗戊此时根本没有发言权，他的命运不在自己手上。

可是海盗甲、乙的被扔是我们的假设，他们也聪明得不得了，当然知道海盗丙的方案，那么海盗乙很简单地只要搞定海盗丁和戊即可,他当然搞不定海盗丙,很轻松地就确定了分配方案,海盗乙、丙、丁、戊分别得到98、0、1、1。

现在轮到初看起来最没好下场的海盗甲了,原来一切都在他的掌握之中,海盗乙不会被买通的,海盗丙给一个金币,搞定,剩下的海盗丁、戊再买通一个就行了,给谁呢,随便,看谁顺眼就给谁,不过要给两个金币。现在的分配方案是,海盗甲、乙、丙、丁、戊各得:97、0、1、2、0或者97、0、1、0、2。

看来利用规则并且掌握发言权的人才是决定事件发展的主角,而其他人不过是跟着做一个陪衬的背景罢了。最终得到一两个金币的残羹剩饭并非自己所愿,也不取决于自己的表现,而仅仅是取决于规则,规则已经给出了种种可能的结果。聪明的人只是一开始就知道在这些结果中自己应得的一份罢了。

窥见自己命运的人知道生命的答案,他因此会对任何不可强求之事淡然处之,而在接受自己应得的生命馈赠时也就心安理得了。

现实中无法明了命运的人占大多数,那些开悟的人只像是传说。在现实中斤斤计较地经营自己生活的人很容易发现这样的事:拉拢几个小人物,远比搞定大人物容易得多。在多数决定结局的时候,小人物也是占基数的,当然有时候大选(可参考美国)会声明有些有权力的人可以代表更多的分量,可是就算他以一抵十,也架不住太多的"有一说一"的民众。

但是要想搞定大人物那就很难了,不仅因为其胃口更大,而且最重要的是,这些大人物可能一直在想别的事。紧随其后的二号人物可能一直在想怎么把前面的家伙扔到海里去,无论一号人物许诺给多少"金币",在自己的内心深处一定要提醒自己牢记,绝对不允许有满意的念头。行业领域排在前两位的大鳄们也类似,一方想通过收买另一方获得垄断地位的想法非常幼稚,因为另一方也在这么想,倒不如转而寻找排在第三、第四位置上的兄弟联合一下,当然在把强大对手干掉之后,做大的两方又开始新的博弈,如此循环往复,无穷无尽,行业就在这个过程中向前发展。关于行业巨头们面对劲敌时如何相互倾轧的案例在后面的"争夺博弈"中还有展现。

现在看看如果规则稍微改变一点的情况。海盗提出的方案不需要超过人数半数,而只要等于半数时即可通过的情况。

此时海盗丁和海盗戊的处境正好调换一下,海盗丁只要投自己一票就达到了半数,所以他说什么都能通过,当然他不会给海盗戊留下一分钱的。所以海盗戊很可怜地想,如果我投海盗丙一票,那家伙是不是能给我一个金币。

海盗丙当然想到了这些,他会给海盗戊一个金币的,否则什么都得不到的海盗戊宁可与海盗丁一起把海盗丙扔到海里喂鱼,因为自己得不到金币的结果虽没有差别,但是看到海盗丙喂鱼也聊胜于无。

不要怪海盗太狠毒,现实中的争斗也一样不会给任何一个对手任何机会的,当然要看到规则,不择手段的竞争不是博弈,是耍赖。不过事情总是在规则中进行的,只是范围大小而已。你开着货轮去和索马里海盗博弈试试,他们就不管那么多,劫了再说,这就是耍赖,不按你的什么海洋公约、法规来办事。可是等你开过去几艘巡洋舰的时候,大家都是好朋友嘛,有什么不能坐下来谈的?

他就不耍赖了,按照另一个规则来玩了。

所以,海盗丙会给海盗戊一个金币以确保自己不被扔下海,方案是:99、0、1。以此类推,海盗乙的可能方案是:99、0、1、0。海盗甲的方案,也是最后方案:98、0、1、0、1。

不过,五个海盗的队伍未免太小了,他们当然可以成长为十个、百个、千个,如果遇到这样的情况又该如何呢?

按照第二种规则分析起来方便一点,十个海盗的情况比较明了,最后方案是三五七九位置上的各得一个金币,第一个海盗包揽剩余所有的金币。第一种规则的复杂之处在于上面已经显示出来的,会出现给两枚金币,并且在备选人中任选其一的情况,但分析的思路则完全一样。

我们现在按照第二种较易解释的规则来看看超过200个海盗的情况会如何。为什么选择200为界限呢?那是因为我们规定海盗们只抢到了100个金币,很明显,100个金币此时正好被分配完。接下来是第201个海盗,他还是有办法,自己什么都不要了,100个金币间隔分给100个海盗,加上自己的一票共101票,捡条命也是好的;第202个海盗,还是101票,根据可以等于半数的规定,他还可以保命。

203是个麻烦,说什么都没用了,因为海盗凶狠的一面就体现在这里了,如果你没给别人带来什么好处,虽然也没什么坏处,那为何不把这个没用的人扔去喂鱼呢?当然,这是一个需要假设的前提,就像前面五个海盗的情况一样。所以,当有203个海盗时,第一个做出选择的海盗必死无疑了。

还有继续往下推理的必要吗?到203这儿都已经没法逃命

了,难道204时还有可能?

说对了,正因为203必死无疑,所以当人数增加到204的时候,之前必死的家伙铁了心地要保住新出来的这一位,因为这样他俩都得救了,新增加的一位除了100个金币保证100票之外,加上一个不给钱也要同意自己的可怜虫,再加上自己的一票,刚好达到半数,侥幸脱身。之后的205因为拉不来203、204的票,被众海盗用于看热闹了。206当然可以拉上205,但还是拉不来203、204,仅仅102票还是不够半数,因为204是一个平衡点。

加一句,这里的203、204等数字表示的是倒数第203或204的那个海盗,也就是203、204个海盗时的需要第一个做出选择的海盗。实际上,在五个海盗的案例中已经看到,分配金币的顺序是有选择的,而不是随便挑几个人,这里也一样,最靠近自己的前面几位是得不到的,现在分析的203、204、205等是随着人数增加,而靠近前面的海盗,是不给金币也能拉来的票数。因为我们分析问题时是从最后一个开始的,是倒推,所以人数每增加一个,都是排在最前面的位置,要第一个做出决定的那个海盗。

接着看207呢,他可以拉上205和206,但103票还不够半数。208拉上205、206和207,结果呢?104票,太好了,到半数了!显然我们的欢呼不是为了海盗,而是为找到了一个均衡解。

那么此时的203、204是什么状态呢?在205到207之间他们都不会被拉拢,但是他们也应该能预见到等人数到了208时,新来的只要拉拢205、206、207即可过半数,而且205、206、207也因此保住了性命,但是自己呢,没有被208拉拢的资本了,没有任何好处,他们会不会因此成为铁杆的反对票?

细想一下我们就能发现,这时203、204的确不在208必须拉拢的铁杆选票之列了,但他们不一定没有好处,这时除了205到208不给钱的4票之外,在剩下的204个海盗中都有获得一个金币的可能,这是一个排列组合的问题。

这时不需要考虑顺序问题了,因为获得者都是一个金币,在人数超过200之后,需要考虑顺序的是最接近自己的不给钱的那些海盗,而其他的海盗如何分配100个金币就不需要严格的顺序了。

很明显,后面的间隔会越来越长,它们依次是216、232、264、328、456……

对数字敏感的人,或者数列学得不错的人很快就会发现这里面的规律,即这些数字是:$200 + 2^n$,$n = 0、1、2、3$……数学就是这么有意思,一个很复杂的数列只用这样一个简单式子就很清晰地展示了。

由此,很清楚地,每一个平衡点后面的间隔必须积累到一个加上这中间被喂鱼的人数可以达到半数的时候,而在此平衡点之前的都不能计入,这时就是一个新的平衡点。这里说平衡点的意思是在此情形下,第一个海盗就可以提出一个能被半数通过的方案,而不必有任何海盗被扔下去。

我们一定要记住,这里用的是逆推法,就像在208时,因为找到了一个均衡解,所以这208个海盗都相安无事,其中后面的204个中的100个各得一个金币。而207时,前三个要被扔下海去,到剩下204个时,大家相安无事了。更多的,比如有500个海盗的时候,不是从第456个海盗之后的家伙完蛋了,而是最前面的44个完蛋了,而100个金币将在后面的328个海盗中挑选100个。下一个数是712，而海盗人数从457到711这个区间时都没救。这个问题的确很有意思，可是我们为什么要研究这个什么逆向归纳法呢？正推不行吗？也许可以试试，但本书不想误导大家做这样的尝试，所以要解释一下其中的原因。

在参与者不同的策略选择下，会出现许多策略组合，比如在五个海盗的例子中，如果我们从第一个海盗开始讨论，那么他的可能选择是从0到100，这样海盗甲就有101个策略，而第二个海盗乙有100个策略，海盗丙99个，海盗丁98个，海盗戊97个。他们之间的策略组合共有$101 \times 100 \times 99 \times 98 \times 97 = 9505049400$，而结果我们已经通过逆向归纳法得出了，就是(97、0、1、2、0)或者(97、0、1、0、2)这两种方案，那么其他的策略组合都是不可置信的方案。现在我们很清楚地看到，如果不用逆向归纳法，会产生怎样庞大的工作量，也就明白了正是逆向归纳法剔除了那些不可置信的策略。

在上一章结尾处说，存在规范的方法来解决有多个均衡解的博弈模型的问题。这种方法就是泽尔腾在1965年提出的"子博弈精炼纳什均衡"（subgame perfect Nash equilibrium），是在纳什均衡的基础上进一步对纳什均衡解加以精炼，其目的就是要剔除那些被纳什均衡囊括在内的不合理的解。现在我们就进入博弈的一个新阶段。

2 市场：抢占先机的博弈

全球的商业市场联系日趋紧密，每一市场不断细化，抢占市场先机至关重要，不过抢占先机并不意味着时间上在前的开创者就必定占据市场。实际情况是开创者成了垫脚石的事例屡见不鲜，而后来居上的后继者却大有人在。我们不妨从博弈论的角度来分析这种种案例的来龙去脉，重新审视一下什么是"先机"。

一个新的市场既可能是全新的领域，比如没有计算机之前和出现计算机之后，计算机的大市场就是之前没有的全新领域；也可能是原有市场随着技术以及人们生活方式的改变而出现的新阶段，比如苹果公司的二次创业，手机领域的不断更新等等。我们不是要做某个市场的 SWOT 分析，而是一般性地构造抢占先机的博弈模型，毕竟看这本书的读者是要了解博弈论而不是企业管理。等我们的博弈模型建立起来之后，再对案例做一些分析，以便通过实例看到博弈论在实际中的若干应用。这种应用可以帮助大家熟悉博弈论分析问题的方式，以及在解决实际问题时的一些特性。

在建立这个抢占先机的博弈模型之前，要对几个前提略加说明。

一个很大的市场不会因为存在先行者而断了后来者的机会，而一个很小的市场就很难养活多家企业了，这些都是常识，我们就以这些常识作为前提。

小型洗衣机的市场需求逐渐增加,大型家电企业盛典集团准备进入这一市场,并开始做初步调研,发现市场上还没有同类型的产品上市,不过他们得到消息,还有一家专业生产洗衣机的飞轮公司也在做进入这一市场的准备。

如果市场足够大,无论是盛典还是飞轮哪家先进入都不会对后来者有太大影响。而反之,如果市场不够大,两家企业彼此竞争,自然会降低各自的利润,不过还是有的赚的;可是当市场相当小的时候,无论哪家企业先开发出新产品,都无法保证在竞争之下还能有利润可图,毕竟投入研发、宣传等的前期成本不是随便卖两台机器就能赚得回来的。

在这里要注意与前面讨论的完全信息静态博弈不一样的地方。静态博弈(因为还没说到不完全信息的博弈,我们先把完全信息静态博弈简称为静态博弈,这部分内容的动态博弈也是简称)不考虑先后问题,参与者所做的选择只在结果上体现,而没有对做出选择的整个过程加以描述,也没有对后继的选择做出分析。如果需要考虑整个博弈过程,又该如何处理呢?

先来看一下静态博弈的模型,这个模型比较简单,表格中按照(盛典,飞轮)的顺序,"进"表示进入该市场,"退"表示退出该市场。

市场足够大的情况:

(进,进)	(进,退)
100,100	100,0
(退,进)	(退,退)
0,100	0,0

很明显,此时的均衡解是(进,进),两家企业各做各的,基本互不影响。这就像前些年的房地产市场,房子卖得很火,房价像坐上了火箭,一飞冲天无法抑制,大家的利润都是打着滚的向上翻,基本与彼此竞争的市场规律无关。

市场不够大的情况:

(进,进) 50,50	(进,退) 100,0
(退,进) 0,100	(退,退) 0,0

为简便起见,我们不附加讨论市场在多家企业连续开发下得以培育并进而增加市场总额的复杂性,仅按照平分市场份额的办法。这里的数字都是示意性的,目的是更方便、明了地理解所要建构的博弈模型。此时的均衡解还是(进,进)。

再看市场很小的情况:

(进,进) −25,−25	(进,退) 50,0
(退,进) 0,50	(退,退) 0,0

这里没有纯策略的均衡解,当然,我们知道存在一个混合策略解,不过这里不再讨论混合策略,之后如无特殊说明,均衡解都指纯策略的均衡解。这一模型与斗鸡模型相似,但不同之处在于两者并不是直接冲突,它们之间存在一个市场作为调节彼此支付的

"看不见的手"。

完全信息意味着双方都能看到这一模型的结果，并且知道对方也看到了，但因为是静态博弈，所以进退的选择是独立做出的，而且不受对方选择的影响，我们依据常识也可知道这一博弈很难出现纯策略的均衡解。实际上，只要有一方选择了进入市场，那么另一方只能选择放弃，但是在静态模型中，我们始终无法得知谁进谁退。

所以在这里我们要进行更深入的分析，即要找到一个更加确切的方案，这也是扩展式模型要解决的问题。

现在我们明白已经到了要对博弈过程加以解析的时候了，既然是要考虑整个博弈过程，那么还需要在静态博弈的前提基础上增加什么因素呢？

在"海盗分金币"一节中我们使用了逆向归纳法，比较从容地得到一个完美解决方案的过程。现在我们要尝试按照正向的思维方式来解决这个小洗衣机市场的博弈问题，过程是否还能一样轻松呢？

先分析我们需要增加的因素。

之前的静态博弈的一个最大特点就是不考虑参与者的决策顺序，即无论谁先谁后，结果都是一样的，这意味着任何一个参与者并不知道其他参与者的选择，如囚徒困境中的两个主角，（如果他们中的后决策者知道前面一人的选择，他们的选择会不会发生改变呢？容后再议）还有一种情况是后决策者知道前面一人的选择，但这一信息对结果没有影响，所以区分先后没有必要。适合于静态博弈模型的例子这里就不再列举了。

但我们同时也知道，现实中还有很多静态模型无法描述或者描述得不清不楚的情况，比如现在说到的小洗衣机市场的案例。

此时，我们需要增加一个时间因素。时间在这里指的是参与者决策的先后顺序，为什么要这样？因为所谓的动态，指的就是在某一参与者做出选择之后，后来者观察到这一结果，并依据这一结果做出自己的策略选择，那么这里的结果就是互动的。

简单地总结一下，动态博弈的构成要素有：专家级的完全理性参与者，整个博弈过程是所有参与者的共同知识，参与者做出决定有先后顺序（时间要素），参与者有策略供选择，选择结果有支付。

现在就依据动态博弈的特性，再来看看盛典集团和飞轮公司该如何决策。

任意选取一家作为先行决定是否进入该市场的企业，在我们的模型中选盛典和飞轮是一样的，我们在乎的是策略分析，这里假设是飞轮公司。

飞轮公司的策略有两个：进入和退出。后决策的盛典集团观察到这一结果，在这两种情况下，盛典的策略分别也都是进入和退出，这样就有四个组合：（进入，进入）、（进入，退出）、（退出，进入）和（退出，退出）。

市场大小所引起的进退决策不尽相同，但是模型基本是一样的，所以我们不分析市场很大和不太大的两种情况，只展开分析市场很小时的模型。

飞轮公司同样明白上面几种情形下两家企业各自的位置，因为这是共同知识,那么在市场很小的情况下,飞轮公司是否会毅然地选择进入市场呢?

幸好,我们不是飞轮公司的老总,不需要急着做出这一决定。我们是要分析飞轮公司做出选择之后盛典集团可能做出的策略选择。

上面刚刚说到的四种策略组合——(进入,进入)、(进入,退出)、(退出,进入)和(退出,退出)能否描述出两家企业策略选择的全部含义呢?

如果飞轮公司已经做出进入市场的决策,那么作为盛典集团也是知道结果的,自己加入就是两家企业都亏,作为理性参与者来说,这种情况不会出现;自己不加入,飞轮公司小赚,自己不亏不赚,这是理性者的选择。那么为何还会出现(进入,进入)这一策略组合呢?如果飞轮公司已经做出退出市场的决策,那么盛典集团知道自己进入就会获利,可是作为理性参与者,又为何会出现(退出,退出)这一策略组合呢?

感情博弈论净研究一些不合理的策略组合,然后再把它们删除,以显得很高深、很有学问的样子!当然不是,我们不能这样说自己。

我们庆幸不是飞轮公司的老总,就是因为我们不必做出决定,如果都已经做了决定,还要构造这个模型干什么?盛典集团的总裁也不傻,甚至比大多数人都聪明得多。

所以我们分析的是每一策略选择所引起的动态策略组合。

飞轮公司作为我们假定的先进入市场者,不意味着它现在就要当着我们的面做出是进入还是退出市场的决定,而是意味着它在我们分析的博弈模型中只有"进入"和"退出"两个策略可以选择，它是一个起点，仅此而已。

当飞轮公司的确选择了"进入"或者"退出"市场的时候，盛典集团也就确定了自己的决策方案，像刚才说的（进入，进入）和（退出，退出）自然不是这一博弈的均衡解。

当盛典集团并不知道飞轮公司是否进入市场时，即不知道飞轮公司选择"进入"还是"退出"时，盛典的策略是什么？显然仅仅说是"进入"和"退出"就等于什么都没说。

先解释一个可能出现的疑问，不是说了动态博弈意味着决策有先后，并且后决策者能观察到之前参与者选择策略的结果吗？怎么又说盛典不知道飞轮的策略选择呢？与假定飞轮为先进入市场者的道理一样，假定盛典作为后来者并不意味着它已经等到了飞轮的决策结果，并以此来选择自己的策略，那就不用选了；而是意味着它在博弈模型中要依据飞轮公司的两个策略制定自己的策略方案。

因而，盛典的方案是[进入,进入]、[进入,退出]、[退出,进入]和[退出,退出]。在这里一定要注意，[进入,进入]不是飞轮和盛典的策略组合，而是盛典针对飞轮的策略方案，是盛典一家的方案，即不管你飞轮是进入还是退出，我都决定进入；同理，[退出,退出]表示不管你飞轮是进入还是退出，我都选择退出。[进入,退出]表示飞轮进入市场盛典也进入，飞轮退出盛典也退出；[退出,进入]表示飞轮进入盛典退出，飞轮退出盛典进入。列为表格就是（飞轮,[盛典,盛典]）：

(进,[进,进]) −25,−25	(进,[进,退]) −25,−25	(进,[退,进]) 50,0	(进,[退,退]) 50,0
(退,[进,进]) **0,50**	(退,[进,退]) 0,0	*(退,[退,进])* *0,50*	(退,[退,退]) 0,0

黑体的三个策略组合是此时的均衡解,接下来逐一分析。

(进,[退,进])和(进,[退,退])的博弈结果相同,(退,[进,进])和(退,[退,进])的博弈结果相同,纳什均衡只能停留在这个阶段,因为它只能判断静态的结果,而无法区分相同结果的博弈有何不同。

现在要考虑动态过程,即博弈过程。首先来看(进,[退,退])这一策略组合的含义。盛典决定无论飞轮公司选择何种策略,它都退出市场。这一选择有些不可思议,因为如果飞轮公司选择"进入"策略,盛典的最佳选择当然是"退出",可是如果飞轮选择"退出",盛典的最佳选择就应该是"进入"。所以,虽然这一策略组合的结果(飞轮进入,盛典退出)是合理的(正是纳什均衡的依据),但是策略本身不合理(动态的要求)。

再看(退,[进,进])。盛典为了后发制人而采取了[进入,进入]的策略,这意味着无论飞轮公司做何选择,盛典都要杀入市场,那么飞轮为了避免双方都选择"进入"策略而造成两败俱伤的局面,它将选择"退出"(纳什均衡的结果)。这种情况会不会发生?飞轮公司既然知道在自己首先选择"进入"策略后,盛典的最佳选择是"退出",那么它有什么理由相信盛典强硬的[进入,进入]方案呢?这样的威胁一点也不可信!因而是要排除的。

顺便解释一下斜体表示的策略组合(退,[退,进])为何不构成均衡。因为此时盛典的方案是飞轮"进入"我就"退出",飞轮"退出"我就"进入",那么这个策略组合的含义是:在飞轮没有受到任何威胁的情况下(哪怕是不可信的都没有),飞轮选择了"退出",将自己心仪的市场拱手相让,这是为什么呢?不知道。所以,作为理性的参与方,飞轮的这种行为在纳什均衡的意义上都难以成立。

最后看(进,[退,进])。飞轮选择"进入"市场,而盛典的方案是:飞轮进入盛典退出,飞轮退出盛典进入。两相吻合,没有任何不可信之处,即这一结果是纳什均衡解,同时博弈过程也是合理的,因而它就是这个博弈的唯一均衡解。因为它是经过剔除多余的不可置信的策略得到的,所以它是精炼的纳什均衡,这正是泽尔腾提出的"子博弈精炼纳什均衡",后面简称为"子精炼纳什均衡"。

3　先机：医患博弈

可是，盛典集团难道对飞轮公司的先发优势一点办法都没有吗？难道后发制人在商界仅仅是个传说？关于这个问题，我们暂且放下，先来看一些媒体热衷的实例，也许会为我们解决这一问题提供帮助。

自从 20 世纪 90 年代美国白宫的实习生莱温斯基折腾克林顿开始，比较活跃的一些领域就出现了越来越多的"莱温斯基"，她们所采取的策略是出于什么样的考虑呢？当然，她们的思路可能比较直接，未必会先构造一个博弈模型分析之后再展开行动，不过，也不一定。

屡见报端的医患关系问题常常能挑起人们的阅读兴趣，其中有一种病患者向医院索赔的情况，人们普遍地关注其中的病患者，给予较大的同情，这一点在关注弱者上是没错的，不过病患者并不总是对的，我们不做道德上的讨论，仅从博弈角度来分析。

我们感兴趣的是这一模型的含义，而不是专门针对莱温斯基或者医患纠纷这一类事件。仅以医患纠纷为例。

可能出现纠纷的情况有两类：一类是由医疗事故引起，但双方在对事故的认定上有分歧，无法正常地按照相关赔偿标准执行；另一类是非医疗事故，但患者不认可这一说法而引起。

先看第二类，即正常医疗状况下，患者对医疗结果不满意而引发的纠纷。病患者对医疗机构采取的行动有起诉、不起诉。

第二类纠纷又可分为两种情况：一种是患者确实认为医疗结果有误，应属于医疗事故；另一种是患者知道不是医疗事故，但为了获得赔偿而声称医疗结果有误。

前一种情况可能出现两个结果：患者起诉；或者经过医疗机构的解释，双方交流达成一致，患者认可医疗结果，不起诉。这个博弈比较简单，通过下面对另一种情况的分析大家很容易理解，此时双方沟通不对称的信息就有可能解决，沟通不畅时，才会发生起诉。

后一种纠纷就出现一个问题，患者明知不是医疗事故，起诉的结果败多胜少，那还会不会强行起诉呢？这正是双方博弈的关键所在，下面将患者一方称为博弈甲方，医疗机构称为博弈乙方。

我们知道无论是起诉方还是应诉方，为了对簿公堂都会产生一定的成本，粗略地说大致包括精力、资金以及时间带来的机会成本。甲方首选的方案自然是成本较低的形式，比如吵闹，这种形式牵扯的成本主要是机会成本。现实中正是如此，采取吵闹形式的甲方常常是机会成本很低的，设想如果每天的误时费为一万元，而即便吵闹成功所获得的补偿也仅为一千元的话，正常人都不会选择这一途径的，何况前提是甲方知道医疗结果不是事故。

在机会成本极低的情况下，甲方最坏的结果是没有获得补偿，但其损失不大，这是此类纠纷存在的最大原因。

相比之下，医疗机构不愿面对这样的局面，因为对方显然是没有按理解决问题的意愿，而医疗机构为了应付甲方的纠缠所带来的成本要远大于甲方,因而此时的博弈乙方更偏向直接诉讼。但是,乙方也必须考虑诉讼程序所带来的诉讼费,并且甲方并非没有胜诉的机会。

虽然对于甲方来说,提出诉讼胜算很小,并且花费很多,但因为乙方需要应诉,同样要花费很多费用,并且也可能出现败诉,额外的还要承担不良社会影响。在这类诉讼中,人们关注的往往是前半部分,即某医疗机构被起诉,而对结果的关注明显降低,因而即便最终医疗机构胜诉,但由此所带来的负面影响反而可能比正面影响大。并且在医疗事故争议诉讼中,医疗机构要承担较大的举证责任和较高的抗辩要求。

对这些因素的考虑正是甲方得以与医疗机构周旋的理由,甲方希望抓住乙方息事宁人的心理得到一笔补偿也就心满意足了。

我们简单考察一下实际中可能出现的情况。没有意外的话,最基本的鉴定程序大概有四步:申请鉴定、交纳鉴定费;递交医疗事故技术鉴定材料;随机抽取参加鉴定的专家;出席鉴定会。成本是很高的。

在医疗机构同样知道这一程序的情况下,甲方能否如愿以偿地得到补偿呢?这就引出所谓的要挟诉讼。甲方可以通过坚决执行诉讼或者不获补偿誓不罢休的行为要挟乙方,如聘请律师、申请鉴定、交纳鉴定费等行为表明自己的态度。

2002年,太原市发生一起医疗纠纷的案件。一审判决中,乙方被判负有医疗责任,赔偿甲方105828.54元,乙方不服,上诉,二审判决赔偿49165元。虽然减少了赔偿额,但是从一审判决到二审判决费时6个月,二审上诉中上诉人(医院)负担诉讼费10271

元、鉴定费3000元、活动费2000元,还有律师费、取证费等。

实际上,据中国医院管理学会的一项调查显示,医疗纠纷的最终解决方式中,协商解决约占83%,而诉讼解决的仅占10%左右,还有7%是通过行政等其他方式解决的。

医疗纠纷不仅是国内,而且是世界范围内的重大问题,美国还曾为此专门颁布法律。

不过大家应该明白,以上的和解数据是包括第一类、第二类的第一种情况的,并非我们专门讨论的要挟诉讼的博弈结果,如果是那样,恐怕医疗机构就难以为继了。

4 承诺：要挟诉讼

我们现在来构造上面的起诉模型。

按照行动的顺序，博弈双方的博弈过程大概是这样的：首先甲方决定要不要指控，指控的成本是 a，现在还不是起诉，如前面例子中提到的吵闹；甲方要提出赔偿金 b，这个赔偿金是为了庭外和解而提的；乙方决定是否接受甲方的要求，即决定是否给甲方赔偿金 b。如果乙方接受了甲方的要求，甲方获得赔偿金，博弈结束；如果乙方拒绝甲方的要求，此刻甲方需要再次决定是否起诉。如此刻甲方放弃起诉，博弈结束；如甲方坚持起诉，起诉成本为 c，因诉讼给乙方带来的成本为 d。如甲方胜诉，则获得赔偿 e，博弈结束；如甲方败诉，没有赔偿，博弈结束。当然败诉一方可以提出上诉，进入第二轮博弈。

这一博弈中乙方自然不会"束手就擒"的，乙方选择"拒绝"，这导致甲方必须放弃后继的行为，从而在博弈开始处就选择不指控。这一结果的出现是由于甲方后继的起诉"要挟"不是可信的，因为甲方必须为胜算不多的起诉行为支付成本 c，而乙方没理由一上来就慷慨地为没来由的"要挟"答应赔偿 b。

甲方该如何使自己的"要挟"显得不仅仅是要挟，而是要付诸实施的切实行动呢？他必须采取某些行动令"要挟"变成可信。

当乙方拒绝甲方的要求时，甲方可以坚持起诉并支付成本 c，如果甲方在博弈最初不仅仅是采取指控，而是直接采取起诉行动，将起诉成本预先支付，比如用于聘请律师。此时甲方的成本是 (a+c)，那么任何可能的补偿都是值得争取的。假设甲方最终胜诉的概率为 p，很简单地计算就可得知，甲方对诉讼的期望值是 pe，此时甲方的"要挟"由于存在这部分不可收回的预付成本而显得可信了。

这份要挟虽然可信了，但是未必能够成功，甲方必须考虑"要挟"是否在乙方的承受范围之内。如果乙方选择应诉的话，就不得不面对至少为 d 的应诉成本。双方在何种范围内可能达成和解呢？

甲方对诉讼的期望是 pe，那么当赔偿金 b 大于这一数值时，甲方自然是满意的。此时，甲方的博弈支付是 (pe−a−c)。乙方在已经确信甲方的"要挟"为可信的之后，选择应诉的博弈支付是 (−pe−d)，如果甲方的要求赔偿额 b 大于 (pe+d)，那么和解显然是不可能的。

因为甲方的预付成本 (a+c) 不能收回，成为沉淀成本，所以双方和解的区间就是 [pe, pe+d]，至于在此区间的哪个点上就要看双方讨价还价的能力了。这就像在批发市场买衣服一样，在一个双方可接受的区间里无论是偏左还是偏右，都会达成交易的，反之如果卖者出价过高或者买者出价过低都不能达成最终交易。

乙方会不会考虑 pe 与 (a+c) 的关系？因为如果甲方诉讼最终的结果 pe 小于 (a+c)，即甲方诉讼所得还无法弥补自身的预付成本，甲方还会起诉吗？前提已经说明，甲方正是为了令自己的"要挟"变得可信才预付了 (a+c) 的成本，所以对于甲方来说只要

pe 是正数就会对自己的前期预付成本是个补偿,并不在乎是否能够弥补预付,也正是因为这样的"勇气",才使这一要挟诉讼得以发生。

还有一种非常不完美的情况,(pe + d)如果也小于(a + c),作为甲方必须考虑到存在这一风险的可能性,因为双方和解的上限就是(pe + d),乙方就是将这个最大和解值给了甲方,甲方仍然是得不偿失,那么甲方在一开始就会放弃这一博弈。

对于乙方而言,(pe + d)如果小于(a + c),即便乙方选择应诉而不愿和解,对于乙方效果也是一样的,显然这一"要挟"很不完美。

刚才说的是甲方采取预付成本的办法"要挟"了乙方,乙方是否也有先手呢?也有。乙方在甲方想要采取指控行为之前,就预付律师费 f,这部分成本同样是沉淀成本,即甲方不作任何指控或起诉也无法收回,那么双方和解的区间就成了[pe, pe + d − f],甲方可用于讨价还价的范围被缩小了,难度自然加大了。

但是我们知道在现实中,要挟诉讼的模型或者说局面常常是出现在以小搏大的情况下,难以想象在怎样一种特殊情况下会出现一个超级大公司绞尽脑汁地精心设计,并经过复杂的成本计算后"要挟"一个街头摆地摊的。

正因为乙方常常是规模较大的主体,那么在诉讼程序中的成本自然就高,所以和解区间往往是比较大的一个范围,不仅如此,这还为乙方采取反要挟的行为增加了难度,因为乙方预付的成本 f 如果过大,虽然阻挡住了甲方的要挟,但是所费甚多,f 如果过小,对于整个和解范围的影响微乎其微,又无法起到阻止甲方要挟的作用。

身处其中的乙方真是不容易啊！那些世界各地屡屡见诸报端的类似事件也可帮助大家对这一模型的灵活使用加深理解，甚至屡试不爽的炒作手法也不得不令人感慨这一模型的威力。当然，去掉辛苦，我们会额外地感悟到律师是个不错的职业。

回到小洗衣机市场的飞轮和盛典之争上来。

飞轮公司虽然有先动优势，但是如果盛典集团向飞轮传递了自己强烈进入该市场的决心，并想以此阻止飞轮的进入，它可以采取预付成本的办法，比如提前做出市场宣传，或者高调宣布投入巨额资金用于研发，什么时候新产品就将上市，或者已经购买了最先进的生产线一类的消息。如果这些成本的确已经发生，而不是空口白牙，那么这个要挟显然是成立的。这就意味着，盛典带有威胁性的策略方案[进入，进入]不再是不可置信了，而成了值得相信的威胁，那么就会出现(退，[进，进])的解。很多时候，同一领域的公司总是第一时间声称马上就能拿到多少投资，融资又完成了几轮谈判，在还没拿到真金白银之前就大肆宣扬，其目的不是要高调宣布自己的实力，而是要逼迫竞争对手做出退让。

5　连锁店悖论

动态博弈的复杂性当然远不止于此,而在求解动态博弈的子精炼纳什均衡解时,也出现了不少有趣的事情。我们就在面对复杂局面下体会趣味所在吧。

连锁经营虽早已有之,但其内涵显然是在改革开放之后的市场经济大潮中才被中国商界和大众逐渐领悟。如今遍布街头的各式中外连锁店已经成为大众日常生活的一部分。

不过我们不是要分析连锁经营的经济模式,而是要以连锁经营模式作为案例来讨论一个重要的博弈问题。

相比完全信息静态博弈的策略博弈,我们把完全信息动态博弈的模型称为扩展式博弈。无论是像海盗分金币那样的逆向归纳法(也叫逆推归纳法),还是利用泽尔滕通过精炼的纳什均衡得到的扩展式博弈的精炼解(逆向归纳法就是一种求解子精炼纳什均衡的方法),它们能否保证得到一个确定的令人满意的结果呢?我们就通过这个连锁经营的案例来试试吧。

假定多个城市的生日蛋糕市场已经被一家连锁经营的企业日盛蛋糕房所垄断,但是在市场竞争的环境下,会有人希望挺身而出挑战这一垄断局面的——哪怕是只分得一杯羹,甚至我们假定市场已经饱和,不会随着加入者而扩大——这样的挑战者还是会出现。

日盛蛋糕房当前在一个城市的支付(利润)为1000,如果有其他企业进入市场,它的支付则降低为800。对于日盛来说,它的策略有两个:睁一只眼闭一只眼,分点市场给新来者,即容忍,或者是采取种种措施阻止竞争对手的加入,即阻击。

能够阻止竞争对手加入自己控制的领域当然是好事,但是问题就出在这,为了阻止对手所花费的成本要高于因对手加入市场后所带来的利润损失,比如要想彻底打消竞争者进入该市场的心思不得不花费400的成本,那么对于这样得不偿失的行为显然不是理性者要选择的策略。敢于冒险的小公司就这样挤进了看似牢不可破的市场壁垒。当然,对于尝试挑战的小企业也存在两个策略,即进入市场和不进入市场,不进入市场所得支付为零,进入市场如果不遇到日盛公司的阻击,则获得支付(利润)为200,如果遇到日盛的阻击则无法进入市场获得利润,同时还会损失成本,此时的支付为(-100)。

日盛公司利用逆向归纳法很容易发现此时的均衡解是"容忍"。可是日盛的日子却因此可能越来越不好过了,因为它如果在一个城市容忍了一家小企业的加入,那么另外一个城市可能还会出现一家类似的挑战者,理所当然的,它同样没有选择"阻击"的理由,长此以往,庞大的日盛蛋糕帝国就要沦落了。

因而对于日盛蛋糕帝国来说,它的决策不能以单个市场的行为作为依据。当日盛的掌门人把眼光放得更加长远的时候,他会意识到无论是在哪一个市场出现挑战者,都应该当机立断,要不惜代价甚至是不择手段地阻止挑战者的"挑衅",如果作为理性者这样选择自己的策略才算是正常。

现在我们发现,对于是容忍还是阻止市场新来者的策略选择出现了疑问。显然,用策略博弈模型得不到均衡解,用扩展式博弈模型呢?如果仅仅是大声地声称要对付每一个想进入市场的竞争对手明显是不可信的威胁,可信的威胁就是要对第一个、第二个……挑战者施以阻击,一个市场花费400的成本。大家发现这个问题解决了,此时的解就是:阻止任何一个竞争者。

这个案例不能考虑单个城市的市场,而要把企业的所有市场当成一个整体。这个道理没错。可是谁也不知道需要坚持多少次严厉的阻击才会震慑住前赴后继的后来者!如果这样的挑战者络绎不绝,大有不把日盛拉下马誓不罢休的劲头,那么日盛的日子同样不好过了,甚至更糟,因为阻击的成本要比损失的利润大,这样岂不是还不如默许新来者的加入?

与囚徒困境显示的结果类似,单个理性与整体理性的选择结果出现了不一致,因而这一现象也被泽尔腾称之为"连锁店悖论"。(悖论是指由肯定前提推出了前提的否定,否定前提又推出前提的肯定,关于悖论的更多有趣内容可参考《非是非非:世界经典趣味悖论》一书)

为了更好地说明这里面的问题,我们可以这样来处理,不失一般性,假定日盛蛋糕店共在30个城市设有30个连锁店,每个城市市场有一个挑战者,那么对于日盛公司来说,它所要做的实际上等价于重复博弈30次,下面我们就开始另一个有趣的话题——重复博弈。

6 多足的蜈蚣：重复博弈

蜈蚣不像之前的动物那么聪明，蜈蚣博弈（Centipede game）不是关于几条蜈蚣的斗智斗力模型，而是因为这个博弈来回重复，如果画成图形就很有点像蜈蚣密密麻麻的脚，成了"多足"的样子。虽然这失去了蜈蚣能思考的乐趣，不过这一模型还有自身引人的魅力。

将日盛公司在各个市场与竞争者的博弈转化为另一个企业，如日昌公司，在各个市场都与日盛竞争，这样就成了两家企业来回博弈的情况了。

我们把两家的策略都简化为让博弈"终止"或"继续"两种选择，(日盛，日昌)第一次博弈的各自支付为(1,1)，第二次博弈的各自支付为(0,3)，第三次为(2,2)，第四次为(1,4)，第五次为(3,3)……比如重复99次，最后的支付为(99,99)。

双方如果选择"终止"策略，则得到当次博弈的支付；如果选择"继续"策略，则进入下一次博弈，由另一方决定是"终止"还是"继续"，轮流决策，重复博弈。

我们按照上面给出的支付顺序开始，首先由日盛先做决定，是终止博弈还是继续博弈，理性的日盛一方应该如何选择？对，终止。因为如果日盛选择继续，接下来将由日昌决定，如果日昌选择了终止,那么日盛所得为0,而日昌得到了更多的3。日盛选择终止,双方各得1的支付,这个均衡还是很容易看到的。

可是这一重复99次的博弈已经给出了最终的支付,各得99,这个结果显然要比停在前面任何一处要好得多。从后往前逆向推导一下看是否可行。

第99次是日盛决定,这对于日盛来说是最好的结果了,它当然希望终止于此,可是这要求在上一次的博弈中日昌必须选择"继续",第98次的支付是(97,100),日昌当然不会选择继续博弈让自己得到99而不是现成的100。

那么正如聪明的海盗们一样,日盛在第97次时就应该已经意识到第98次的结果是日昌会选择终止博弈,那么第97次博弈的支付是(98,98),日盛会选择继续博弈吗?当然不会,下一次它只能得到97,到了这一步,日盛会终止博弈。同样,第96次的支付是(96,99),日昌也知道日盛会在下一步终止博弈,所以它不会得到最多的100的,反而在进入第97次时,自己只得到98,所以它不会让博弈进入第97次,以此类推,博弈终止于第一次博弈,各得支付1。

本来大家可以得到更好结果的博弈却不得不停留在起点,这是非常遗憾的事,而且这完全符合推导逻辑的结果却与人们的直觉大相径庭。实际中是否也是如此呢?最好的办法莫过于在实际中直接找参与者试验这一模型,看看结果会怎样。

现实中的确极少有人一开始就终止博弈,而是选择"继续",我们仍然以日盛和日昌为参与者的名称。博弈开始,日盛选择了继续博弈,接下来日昌也选择继续博弈,如此这般经过若干轮博弈后，我们分析一下两个参与者可能是怎样一种状态。

如果日盛选择了"终止"博弈，正如以上分析，虽然结果不尽如人意，但是符合我们说的理性参与者的行为方式，可是当它选择"继续"博弈时，对于另一方日昌而言就显得不那么正常了。此时，日盛给日昌的感觉是个不理性的参与者，当然日昌还会进一步认为这只是日盛为了得到更好的结果而伪装出非理性的样子，就是说，日昌对日盛的判断会有两种可能，一种是日盛不是理性参与者，另一种是日盛想让自己把它当成一个非理性者，以便促使自己继续博弈下去，那么日昌选择继续博弈的理由也同样会给日盛这样的迷惑。

此时两者的真实状态都显得不那么明确了，在这种情况下，博弈能否进行到最后阶段呢？实际的试验中极少出现这一结果，大都停留在中间偏后的60、70次左右。虽然逆向归纳法不能在现实中延伸到博弈的起始点，却总能在某个阶段显示自身的存在，并证明自身的价值。这正是后来泽尔腾要进一步说明的问题。

虽然1981年罗森塞己（Rosenthal）提出这一博弈后引出了蜈蚣悖论的疑惑，但是它给博弈学者带来了更多的思考，也出现了更多的研究成果。

7　好坏：策略转换

连锁店悖论的现实情况大概也会出现类似的结果,即日盛对新进市场的挑战者施以阻挠策略,而在多次阻挠仍无法阻止后继者时转换为容忍策略。当然这一过程中挑战者并不是唯一的一家企业,如何抓住进入市场的时机是小企业应该考虑的。进入市场时机不对可能成为被阻击的对象而遭受损失,时机恰当将会分得一块合适的"蛋糕"。

流动人群密集的地方,比如车站、码头附近,以及每到节假日各大旅游景点、繁华街区周边,到处都是临时搭建的鳞次栉比的小吃店或者各式小摊小贩。很多人都会发现,这些地方的饭菜并不可口,或者商品也不很好,但是生意却是红红火火,为什么日常生活中斤斤计较、货比三家、狠狠砍价的中国人却会对这类交易认宰认挨呢?我们从博弈的角度来看。

很多人都知道,这些店铺做的大都是一次性买卖。这类似于一次性博弈,行人由于肚子饿了或者行色匆匆,必须决定是否购买商品,而店铺通过有利于自己的定价获得超值利润。

比如(店铺,行人)的支付为(5,1),并非行人愿宰愿挨,而是在这一环境下,行人的讨价还价能力很低,因为顾不上跑远路去找更好的饭店或者商店,如果不买不吃就可能挨饿或者买不上想要的商品。正是客流量保证了这些地方的店铺强行终止博弈,而不会接受讨价还价进入可能的(4,2)甚至(3,3)的结果。

而在生活区里的饭馆、商店大都不这样做生意,就是因为面对的客人不同,而固定的商场信誉高于摊贩的道理也是如此。

生活区的店铺与顾客之间的博弈相当于重复博弈。比如(店铺,顾客)的第一次支付为(5,1),第二次为(4,2),第三次为(3,3),第四次为(2,4),等等。依据双方讨价还价的能力不同,停留在不同的阶段。这类重复博弈与蜈蚣博弈还有不同之处。当然这里的店铺并非与单个的顾客来回博弈,而是许多顾客作为一方与店铺的博弈,如果某店铺定价高于大多数顾客的接受范围,生意自然冷清,反之,店铺的价格符合顾客的心理接受范围就会高朋满座。将此时的重复博弈看作一个长期的博弈过程可能更好理解。

很明显,一次性博弈与重复博弈所带来的结果差别是如此之大,以至于有时候直接影响着现实世界的不同面貌,看似迥然不同的人生和世界,也许不过是取决于是一次性的还是重复性的而已。的确,如果人生和世界可以重复,那很多事情都丧失了意义,而另一些事情却获得了意义。现实是人们如何面对只有一次的人生和世界,这个博弈模型看来只能自己来构造了。

关于一次性博弈和重复博弈带来的更多问题,这里再多说几句。

对于做一次性买卖的店铺,它们不需要建立与顾客的信任关系,一来他们的生意有客流量来保证,二来因为他们的店铺小得不会被记起,所以他们因信誉而带来损失的风险是很小的。而可重复博弈的店铺必须强调与顾客之间的信任关系,这样才能保证长久的利益。

其实作为一个城市的一分子,做一次性买卖的店铺是单个理性行为,而对于整个城市的整体影响却是负面的,很多人会在离开一地后对其间发生的不满意之事大加针砭,这也是近年来许多城市不断规范此类店铺的原因。而对于特殊地带,如机场、景点附近食品、商品价格昂贵的批评也从未停止过。看来作为城市管理的一部分,这个博弈还需要有关部门从整体上来把握。

还记得在狩猎博弈中提到炎帝和黄帝合作的基础在于信任和有约束力的契约吗?那时只考虑他们的博弈是一次性的,对于结果的可能选择已作了解释。但是现实中往往不是仅有一次合作机会。

那么重复博弈是否可以自然地带来彼此间的信任呢?通过蜈蚣博弈的现实试验,至少能在某一阶段可以产生这样的效果,但是并不能长久地保证合作基础的存在。正应了罗贯中总结的天下大势,"分久必合,合久必分",原来"合作"与"分道"的交替才是天下最自然不过的事。

重复博弈可以在某种程度上增加彼此的信任感,这在实际生活中也是可以体会到的。无论我们去批发市场还是网上购买物品,对于店铺来说,给老顾客的价格会更加合理,老顾客也会在相差不多的价格区间选择常去的店铺买东西。但是我们也能发现,商业领域中的分分合合是极为常见的,排除那些尔虞我诈的案例,大多数合作与分离的情况并不是出于信任,而是出于利益。

网上购物已成为城市人们的主要购物方式之一,其中大家最为熟悉的莫过于阿里巴巴,它传奇般的发展历程也为许多人津津乐道。

阿里巴巴是一个平台,它本身并不提供商品,而是像一个虚拟的百货公司大楼,所有的店铺都租给个人,它试图维护的是一种可以保证大家持续满意的购物环境,这一点通常称之为诚信。但实际上,它并没有建立一套改变人们心理的诚信意识的机制,而是严格地作为一个中立的监督者出现。它保证了一种"信任"的基础,如果这一监督者再次缺失,比如阿里巴巴以及支付宝等手段停止使用,仅仅是一个网络交易平台,那么已经建立起来的"信任"能否继续保持下去?不能。信任不是无条件的,建立诚信的环境其实需要保证诚信得以存在和存活的前提和条件。要知道制度、政策的制定所具有的意义要远远低于监督与执行,否则制度和政策不过是废纸一张。对于诚信的呼唤显然不能因为呼唤得越来越频繁、越来越大声就自然生长出来,而追思古人的"信时代"又未免有些太不把今人当回事了,其实,我们也可以做到,只是应该具有现代社会的观念。

如果非要强加给"信任"一个道德基础,恐怕在现代社会的确是个很令人挠头的事。"信任"一词似乎总与"善""好""诚"相伴,这一观念在现代社会却未必恰当。虽然通过约束得来的"信任"显得不那么纯粹,但也未必因此而失去了"信任"的内涵。

还有人设想,类似从恋爱到婚姻这样属于情感世界的问题能否通过博弈的角度加以分析呢?至少某些性质是可以试着用一下的。我们把从恋爱到婚姻看作一个完整的博弈过程,那么当局者双方可以视为博弈的两个参与者,他们之间进行的博弈当然是重复博弈,即便传说中的一见钟情得以出现,我们仍然不认为双方会当场拍板定下相守终身的海誓山盟。

在我们的这个婚姻模型中，理所当然地要理想化一些条件，比如婚姻的确是幸福的，也就是说双方的支付值最大，否则婚姻岂不是反倒不如婚变更美好了？但是按照蜈蚣博弈的推导，我们却发现，虽然恋爱双方不会在恋爱之初就终止恋爱，却会在婚姻之前的某个阶段终止博弈，这当然也是与日常的直觉相悖的。

不过这既不能看作博弈论的又一个悖论，也不宜看作婚姻的艰难路程，因为博弈的主体——我们在一开始就讲到了——是很理性的人，这一条件不太适合用于"猜来猜去都猜不明白"的恋爱中人，而且既然已经说了婚姻是最美好的事，那么恋爱双方，即博弈双方有非常强的合作基础，虽然在恋爱到婚姻的整个过程中有各种各样的波折，从而导致两个参与者在不同的阶段所得支付值时多时少，但却不好据此认为其中任何一方在看到后面可能出现不利于自己的支付出现时就选择终止博弈，立刻分手。那就会给人一种感觉，好像两人不是在谈恋爱而是为了符合我们的蜈蚣悖论真的展开了博弈。

8 未知：囚徒困境的策略应对

加拿大裔美国人阿尔伯特·塔克（Albert William Tucker）是一个对拓扑学、博弈论都有突出贡献的数学家。1950年，时年45岁的斯坦福大学客座教授塔克将梅里尔·弗拉德（Merrill M. Flood）和梅尔文·德雷希尔（Melvin Dresher）两人构造的一个关于合作与冲突的模型命名为"囚徒困境"，并阐释给了一些心理学家。还记得这个经典的博弈模型吗？简单得可以用一段话讲清楚，但是它在博弈论，乃至从此之后的经济学、社会学等众多领域的深远意义似乎怎么反复讲述都不为过，这也是这一模型成为经典的缘由。

当时我们只给了囚徒困境中的两个犯罪嫌疑人一次机会，他们都选择了坦白，五年刑满之后，假定他们没能吸取教训痛改前非，而是再次合伙干坏事，非常不幸地再次被抓获，而且巧合的是前提条件都一样。我们不禁要问，这次两人能否一致地选择"抵赖"呢？即便之前两人都已充分地交流过上次坦白的心理历程，并斩钉截铁地宣布自己下次一定要选择"抵赖"——我们之前分析过如果没有足够的约束力，这样的约定形同虚设——但最终，吸引两人的策略依旧莫过于占优的"坦白"策略。不管他们之前是否因此已被关押过数次五年。

先不管他们有几个五年可以关押,假定为八次,多次的反复过程相当于一个重复博弈的囚徒困境。不妨利用逆向归纳法来考察一下,如果第七次的选择结果是"抵赖",最后一次两人的分析是:如果对方仍然选择"抵赖",自己就不如选择"坦白",就算哥们不够意思一次吧,都已经七老八十了能不进去就不进去吧。回头一思量,如果对方也这么想呢,那自己只能选择"坦白",否则在狱中安度晚年的就是自己了。如果第七次有一人或两人都选择了"坦白",那么最后的第八次除了"坦白"策略也就没什么余地了。以此类推,每次的结果都是前面说的双方"坦白"的纳什均衡。其实只要是有限次的囚徒困境重复博弈,选择的唯一依据不会是之前的选择结果,而是占优的"坦白"策略。

"有限次"的囚徒困境重复博弈始终保持着纳什均衡解,那么"无限次"呢?我们真是够"狠毒"的,这种事还要"无限次"。

先解释一下"无限次"的含义。无论什么样的博弈过程在现实中都不可能无限次地进行下去,又不是纯数学理论,可以出现各种各样的无穷、超限数等等。那么"无限次"在这里就有了新的含义。

如果一个重复博弈我们无法确定它的终点在何处,或者一个重复博弈的终点遥遥无期,那么这一重复博弈就称之为无限次的重复博弈。

用一个例子帮助大家体会"无限次"博弈与"有限次"博弈的区别。

现在,面对戒烟这件事情有两种情况。一种是如果某人再抽10支烟生命就结束。这是"有限次"的情况,那么某人会停止在0

至 9 支烟之间的任一位置，但不会到 10。这里排除"自我放弃"这样的念头的影响，而且用第 10 支烟结束生命的想法不属于博弈，那是人生选择的问题了。

第二种情况是，"吸烟有害健康，最好赶紧戒烟"。这样的警告对于"戒烟"这件事来说就相当于"无限次"的情况了。因为这个结果出现于何时无法预测，于是戒烟成了一件非常困难的事。

因为没有终点，逆向归纳法也不知道如何下手，这正是"无限次"对"有限次"的超越之处。

由于"无限"对"有限"的超越，我们有必要重新梳理出一个角度，以便将可能出现的更令人激动的结果放到更广阔的领域之中。

如果将囚徒困境中的犯罪嫌疑人所采取的"坦白"策略视为彼此的"背叛"的话，那么"抵赖"策略就可以视为彼此的"合作"。而以上的分析告诉大家，无论囚徒困境的局面重复多少次，只要是"有限次"，结果必定是"背叛"而不是"合作"。在囚徒困境这一单纯案例中，人们自然希望两个参与者都能持续地"背叛"对方，以便双双入狱，但"囚徒困境"只是一个模型，在现实中更多的领域里，人们更希望大家是采取"合作"的态度，而不是"背叛"，这正是"囚徒困境"模型提出的尖锐问题。

我们能否期待"无限次"的超越能有一个更好的结果呢？

以上的分析思路已经不适用于"无限次"的状况，看来必须另起炉灶了。

20 世纪 80 年代，来自美国的社会科学家阿克塞尔罗德（Robert Axelrod）针对"无限次的囚徒困境"设计了一个著名的计算机联赛，用以帮助人们摆脱"囚徒困境"的困扰。而且他遍邀各界专业及非专业的博弈论高手一起参与,这些博弈高手提出各式各样的策略方式,然后将这些策略放进他设计的这个联赛系统进行循环赛,以便用"实践检验真理",看看哪种策略能够最终得胜。

我们试着假装成众多可能的博弈高手来分析几种可能出现的博弈策略,并尝试是否能设计出一个可以战胜这些策略的策略。

有两种是非常纯粹彻底的策略,一是"完全背叛",不管何时都选择"坦白",根本不考虑合作"抵赖",坚强而冷漠的感觉,很理性化的人格,这倒是一个均衡策略;还有一种是"完全合作",相信世界上一定是好人多,即便遇到冷漠如第一类人,依然抱着对人性的乐观精神,始终拼死"抵赖",试图挽回大家合作的信心。

还可能出现"交替型",又分两类,一类是首先选择合作,然后交替选择背叛、合作、背叛……另一类是首先选择背叛,然后交替选择。这两类方案如果碰到一起就永无合作的可能了。

还有一种"依据多数"策略,就是对之前任一阶段出现的各种策略选择做一个总汇,下一次选择的策略依据之前的多数选择。起点也可以分为以"坦白"开始或者以"抵赖"开始。

"冷酷策略",一开始先选择合作策略,如果对方有一次选择了背叛,则从此选择背叛、永不合作。其实它没有完全背叛策略"冷酷",它的"冷酷"在于对背叛的惩罚毫无妥协的余地,而不是因为它之后永远选择背叛。

"随机策略"也是一种,就是对策略的选择没有固定的顺序。

现在就以这几种比较典型的策略为例,简单分析它们在比赛中可能出现的情况。

第一种,完全背叛的策略。仍以囚徒困境为例,这时参与者始终选择"坦白"策略,如果遇到"抵赖"策略,那么它获得最多的支付,如果遇到"坦白"策略,不会得到最坏的结果,这是纳什均衡解,但不是最佳策略。

第二种,完全合作的策略。这一参与者只有在碰到同样选择完全合作策略的参与者时才能获得最大的支付,当然此时的支付也是这一博弈模型下可能获得的最好结果。但是如果遇到第一种参与者,结果就非常惨了,是最糟糕的情况。

第三种,即交替型的。如果其中的第一类碰见第一类就是合作一半、损失一半;第二类碰见第二类,也是一半一半;第一类碰见第二类,交替赚一半亏一半。如果它们遇到第一种损失一半,遇到第二种赚回一半。

第四种,依据多数策略。这有点类似从众心理在作祟,结果要看整体的状况,但是它的支付不会最佳。

第五种,冷酷策略。这也是一个不错的策略,它的本质在于以惩罚促合作。

第六种,随机策略的结果不好直接预测,但是应该不会比前面几种更出色,否则这个世界的规则都将是多余的。

考虑到这是循环赛,每一种方案都会相遇,第一种也许会在一些比赛中赚到便宜,但不可能获得最高分,因为它的机制已经决定,它不可能得到每次博弈的最佳结果。这里的最佳结果就是我们说的"合作"。

而第二种虽然可能在某些情况下得到长期的最佳结果,但也可能得到长期的最坏结果,而且这种脱离了理性而显得过于理想化的策略如果得以在众多策略角逐中始终长期得到最佳结果的话,那么以纳什均衡为理论起点的"博弈论"就该改成"合作论"了。

其他各种策略不再一一列举利弊,大家还是比较容易在循环赛制的前提下看出大概眉目的。现在要着重提一下另两种策略。

一种是在数次合作之后选择一次背叛,试图以此得到一点额外好处的"投机策略"。但当对方也选择背叛加以报复后,它又会回到合作,如果对方也回到合作策略若干次后,它就再选择一次背叛。这种做法很有点像我们常说的"小人行径",这既是一种投机策略,也是一种"恶意的"或者说"不善良的"策略。如果要给这种行为加上道德的考量,甚至可以认为它破坏了某种大家内心中潜藏的合作意愿,进而引发大量的报复行动,从而更彻底地破坏人们长期合作下去的动机。因此,从某种意义上,可以说这是一种破坏合作的策略。

这种带有"破坏性"的策略在竞赛中的表现又如何呢?显然这一策略投机得逞的机会是存在的,而且在实验中,开始阶段这一策略的得分上升非常迅速。但是随着失败的博弈方增加,它的得分也迅速降低,因为它的得分是建立在别的策略失分的基础上,没有了让它"投机"的机会,这一策略自然也就败下阵来。

另一种要特别介绍的就是我们试图设计的一个可以战胜这些策略的策略。当然,这个获胜的策略不是经过上面的分析之后被我们立即发现的。在阿克塞尔罗德设计的计算机联赛中脱颖而出的是俄裔美国犹太人拉波波特(Anatol Rapoport)提出的"针锋相对"(tit-for-tat)策略(这一策略还有另一个较为常见的译法:"一报还一报"策略,但在有些书籍中"一报还一报"指的是另一种策略,而不是 tit-for-tat 策略),拉波波特致力于数学生物学、数学心理学、社会行为数学建模以及博弈论等领域的研究。

拉波波特提出的"针锋相对"策略非常简单：开始时总是选择合作,随后的每一步策略选择对手上一步的策略。

在某种意义上,"针锋相对"是一个不会吃大亏却会促进合作的策略,并且它的原则很简单,也有利于对手的判断,并且知道如果自己采取了背叛的策略,在接下来的一个回合里,自己必将得到报复。对于上述前几种相对固定的策略而言,"针锋相对"策略的博弈结果是容易判断的。比如与第一种"完全背叛"的策略相遇时,"针锋相对"策略会在第一次选择合作时吃点亏,随后双方始终选择"坦白"的背叛策略。但考虑在全部循环赛的各种策略中,这一点小亏是很容易得到弥补的。

因为"针锋相对"策略能够在对方采取合作态度时,一直很好地维持合作的结果,比如在与第二种"完全合作"相遇时,它们就会全部合作,获得单次比赛的最高分。但它又不会像完全合作策略那样不分情况的一厢情愿。当遇到恶意的策略时,"针锋相对"策略会坚决反击,不会让自己连续吃两次亏。

"针锋相对"策略所带来的合作是令人心里踏实可信的,因为它的原则简单鲜明,任何一个对手都能很容易理解其中的合作利益,并找到合作下去的办法。

可以设想在比赛中,它会很从容地应对各种苛刻的策略机制,无论是完全背叛、完全合作还是随机应变的。

从"针锋相对"策略本身的机制出发,可以看到几个优秀的特性,也许正是这些优点成了它制胜的法宝。第一,它是友善的,因为它的起始博弈策略始终是选择"合作";第二,它是宽容的,每一次来自对方的合作都被它认可并在下一次得到回应,不管之前对方是否选择过"背叛";第三,它是严厉的,每一次来自对方的背叛都会在下一次得到报复;第四,它是简单的,这一点从上面的描述已经看到了,任何参与者都很容易理解并知道自己采取合作策略所带来的结果不会是背叛。

假设一个企业在实际中以这样的原则行事,大家可以期待这个企业的前途是光明的,不论过程是否会因为各种偶然因素而显得非常曲折。如果是个人,大家同样可以相信他是理性的,但又是顾及感情的,是很好的合作伙伴,人际交往中也同样是友好而不容侵犯的。

9 合否：高考博弈

如今是不是能乐观地把"针锋相对"策略看作是解决"无限次重复囚徒困境博弈"的办法？这里的意思是说，它是一个很好的策略，但能否好到足以像纳什均衡作为"有限次重复囚徒困境博弈"（一次博弈也包括在内）的稳定解一样呢？

我们通过一个现实案例试着来回答这个问题。现实中最常见并为大家所熟知的"无限次重复囚徒困境博弈"莫过于一年一度的高考（还有其他类似的考试）了。

对于教育制度的争论近年来越来越激烈，各种观点各执一词，都有自身的道理。考试制度虽不一定是选拔人才的最佳办法，但至少是一个可操作的比较好的方式，因为想找到一个能让全体社会成员认同的办法几乎是"不可能的任务"。

但我们在这个高考博弈模型中不是要讨论考试制度的问题，而是考虑每个要面对这一关的人所采取的策略。

所有无法避免高考的中国人都是高考博弈中的参与者，所以不仅包括考生本人还包括考生的家长。处于争论中的高考最受人诟病的是考试分数成为衡量考生的唯一依据，当然近年来个别学校开始进行一些试验改革，增加其他方面的考察，并将结果加入招生指标内。

受到人们质疑的分数决定论主要存在这样几点弊病：一是分数并不能代表考生的实际水平，因为会出现为考试而考试的教与学，就是所谓的应试教育。考试再怎么千变万化，也必定有个范围，毕竟人类的知识、信息已经积累了数千年，随便拿来几点作为考试题，恐怕没人能应对自如，而且这样一来有人碰到自己熟悉的就得了便宜，缺乏这方面兴趣的就吃了亏，没有考试范围的考试在公平程度上很难令众人信服。不仅考试有范围，而且还不能随意更改变换，否则大家也不知道如何学起，总不能学了十几年，考试的时候忽然说我们改了内容，那岂不是害人嘛！但是事情总是有利就有弊，正因为有了一个相对固定的考试范围，就会有人开始抛开了考试作为考察学习、促进学习的本来目的，而将作为手段的考试本身当成学习的目的。高考所受诟病也正是源于此，这无疑是对考试初衷的"背叛"。

并不是每个人都稀里糊涂地认可这种转变，毕竟，很多人都明白这种舍本逐末的事是有害无益的，由此高考博弈模型的参与者们就开始了长期的博弈。

是迎合这种应试教、学（教是为了应试，学也同样如此）的现状呢，还是抱定坚持学习的本来目的？

我们把前一种策略简称为"迎合"，是博弈方的"背叛"策略，后一种策略简称为"坚持"，是博弈方的"合作"策略。

高考博弈首先是一个多人博弈。其次，对于参与者来说，在面对高考的过程中可以多次博弈，即可以改变"迎合"和"坚持"的策略，故而是重复博弈。第三，高考不是单一的一次考试，而是长期的过程，重复策略选择的次数不确定，因而可视为无限次博弈。因此，高考博弈是多人无限次重复博弈。另外，由于高考制度的长期性，至少现在还没人知道什么时候会取消高考，即对高考博弈何时结束不确定，对于高考参与者的整个群体来说，高考也具有"无限次"的特点。反之，如果已经确定某年高考制度就要取消，博弈群体的策略必将改变。但现在还没有这样的消息，我们就不单独考察这种情况了，其实通过对现状的分析，这种情况的博弈大家也就了然了。

先分析高考博弈的两种策略。全体博弈方都采取"合作"策略，整个社会获得最大的支付，全体选择"背叛"策略，整个社会支付最小。此时如果你是博弈方之一，你会如何选择？

有了对"囚徒困境"的认识，你当然不会信誓旦旦地说自己一定会选"坚持"的合作策略，有了对"无限次重复博弈"的了解，你也不会一上来就贸然选择"迎合"的背叛策略。不如先来想想这两种策略都是如何产生作用的。

可以设想在考试制度形成之初，大家还没有"应试教、学"的意识，这时"合作"是参与者的基本共识，考试只是作为考察学习成果的手段，一次衡量自身学习状况的机会，以便明白自己之后是继续打打基础还是向前发展。但是在这个博弈群体中出现了一类人（因为我们要考察的高考博弈群体的数量很大，不可能单个分析，而是分为几类），他们既不很聪明，也不是很笨，因为如果很聪明就不会为应试发愁了，如果很笨也不必心存侥幸。他们没希望通过真实水平证实自己，却能通过应试成功证明自己，我们就把这类人称为普通人，因而他们选择一心只钻研考试，为考试而考试。他们最终因为应试成功而获得与聪明人一样的结果，这就令比他们稍差一点的参与者看到了希望。这条本没有的路被走成了一条康庄大道！

对于新来的参与者就存在两个策略选择："迎合"还是"坚持"。现在不仅是普通人及比普通人稍差人群会选择"迎合"，对于稍强于普通人的人群也会考虑自己无法像聪明人那样潇洒兼顾考试和自我发展，而选择应试的方式却是比较轻松的，反而多了一些闲暇，何乐不为。当然聪明人也不傻，会有聪明人也不"坚持"的，这不正是现状吗？

从个人的角度，这些人的选择都没什么值得非议之处，人总是从自身条件出发为自己考虑的，这也正是理性人假设的含义，但是结果却是"背叛"策略占了优势（还不是全体背叛，因为总有"坚持"下来的人）。这不就是典型的"囚徒困境"吗？！

那么在计算机联赛中表现优异的拉波波特的"针锋相对"策略能否解决这个在中国受到众人关心的高考博弈呢？

可以设想，会有参与者首先选择"坚持"的合作策略，但是能否"坚持"下去呢？我们必须在上面的分析基础上进一步解析这一模型的结构和潜在因素，才能找到更清晰的线索。

从"考试的目的"转变到"以考试为目的"引起了"迎合"与"坚持"两种策略选择，不过除了所有参与者都要面对策略选择之外，还要区分两种"迎合"策略类型的参与者，一类是有意识的转变，一类是无意识的转变。

在现实中一开始就采取"坚持"策略的参与者基本上不是考生本人，而是考生的家长、长辈，现在的竞争已经渗透到幼儿园阶段，可见高考博弈的艰巨性！幼儿园阶段的孩子还没有任何关于高考博弈的意识,他们更希望有个快乐的童年,而不是各种培训班、技能班。但是家长会启动这一博弈的按钮,一开始就会出现"迎合"和"坚持"两种策略选择的分歧。

如果一个家长选择"针锋相对"策略,首先选择给孩子一个快乐的童年,而不是把孩子有限的童年排上满满的日程安排。接下来他会不会遇到值得合作的参与者呢?

现实中"针锋相对"策略很难实现它的威力,一方面是由于参与者众多,这一策略的惩罚特性的效力大大降低,惩罚谁?不合作者是大多数,在第二次博弈时选择"迎合"的背叛策略几乎没有惩罚意义,反而像是在惩罚自己。另一方面,选择合作所带来的有利结果无法即时显现,这也是很难"坚持"下去的一个重要原因。

很多参与者都曾有这样的感慨,甚至是下定决心,让自己小时候丢失快乐的经历一定不在自己的孩子身上重演,可是当面对周围的孩子纷纷"迎合""不能输在起跑线上"的竞争时,自己曾经的美好愿望和想法也就渐渐被湮灭了。抱着是"迎合"还是"坚持"犹豫心理的参与者一部分成为有意识地转变为采取"迎合"策略的参与者,而大多数已经成为应试教、学的无意识接受者。现实中人们不得不考虑社会的整体结构和现状,这是"针锋相对"策略无法成为挽救高考博弈的原因。

也许有人会说完全可以在学好人类知识的同时在应试中金榜题名,当然这是最美好的事,不过并不是谁想这样做就能做到的,毕竟人的时间和精力都有限。这个想法并不是新鲜得没几个人能想到,而是即便想到了也很难做到,如果大家都能做到这样,关于高考的争论也就不存在了,也就没有必要构造它的博弈模型了,所以我们的模型里没有把"两者兼得"作为可选策略。换一种说法，也可以这样理解"两者兼得"策略，它是解决高考博弈的一个办法，但不是一般性的办法，而是个别参与者（那些聪明人群体）的特殊办法。

无法做到"两者兼得"而又"坚持"不为了考试而考试的人就少之又少了，现实中能"坚持"下来的人多数就是可以做到"两者兼得"的人。这也是排除"两者兼得"策略后，能够选择合作策略的参与者很少的原因。

"针锋相对"策略虽然在计算机联赛模型中表现优异，但是在无限次的囚徒困境博弈中的确无法形成类似有限次博弈中稳定的结构（纳什均衡解），阿克塞尔罗德的计算机联赛模型就是旨在探讨如何"引发"彼此间的合作。但是一直关注研究合作演化（the evolution of cooperation）的阿克塞尔罗德也承认"针锋相对"策略虽然有助于合作关系的产生，但还无法形成稳定的策略演化机制，即无法成为维系人类长久稳定的合作关系的选择。理所当然，只靠一个单一的策略模型要想解决人类合作关系未免有些过于天真了。

2009年初，北京永定门前打出"拯救气候，刻不容缓"的激光字幕，响应要于年底在丹麦首都哥本哈根举行的一次会议。

2009年丹麦首都哥本哈根当地时间12月19日，备受瞩目的《联合国气候变化框架公约》缔约方第15次会议终于在延迟一天会期后闭幕。自2009年12月7日起，近200个国家参加了这次会议，就未来如何应对气候变化的全球行动进行大讨论。此时，距离《公约》第一次会议已经过去了17年，事先人们将这次会议喻为

"拯救人类的最后一次机会"。

然而,这次具有保护人类家园深远意义的大会却在每个国家或利益集团为争夺自身利益的争吵中迟迟不能达成有效的协议,会期不得不延迟一天,但是大会不能无限期地延迟下去。最终联合国气候变化大会达成一份不具法律效力的《哥本哈根协议》,继续坚持"共同但有区别的责任"原则,明确了一个基本的共识:将全球气温上升幅度控制在 2℃之内。但即便如此,一些岛屿国家也可能遭受灭顶之灾,它们提出的将全球气温上升幅度控制在 1.5℃的建议没被接受。对于会议的结果众说纷纭,有遗憾的、有失望的,也有看到希望的。哥本哈根会议所讨论的全球污染所带来的气候变化问题正是另一个鲜活的囚徒困境案例,而且非常现实地摆在整个人类面前。

时隔多年,2015 年 12 月 12 日在巴黎气候变化大会上又通过了《巴黎协定》,协定在 2016 年 4 月 22 日"世界地球日"在纽约签署。然而,2017 年 6 月 1 日,美国总统唐纳德·特朗普在华盛顿宣布,美国将退出应对全球气候变化的《巴黎协定》。

但是与高考博弈类似,一国的合作或背叛能否影响全体,大家是否还会继续在现今这条没有希望的路上越走越远,人们只能拭目以待。

理性乎?疯狂乎?人类是否有能力理性地反思和纠正错误似乎也要通过这一宏大的博弈来加以考察了。

而高考博弈不知会不会随着有些消息声称的在 2020 年现行高考制度将被取消的同时而终于得以解决,但这看似终极的方法显然不能一劳永逸,随着逐年扩大的各高校自主招生,也许到时高考博弈将会转变为另一种形式出现。

要研究合作演化,不仅涉及现在还牵扯未来,还有各式人群、策略规则、思想观念,乃至整个社会结构等等。能否找到比"针锋相对"策略更加有利于促进参与者合作的策略?用什么来保证获得的合作能长期稳定?显然这个课题是存在的,但已超出了我们在这里所能涵盖的范围。

不过,阿克塞尔罗德设计的这个有趣比赛令世人明白,拉波波特的"针锋相对"策略虽然不能解决复杂得多的人类各式合作问题,但是在不少个例中,它几乎可以被视为解决"无限重复博弈"的一个现实方案。

10　交换信封

重复的囚徒困境博弈是非常耐人寻味的模型，但是重复博弈的类型不止于此，我们也暂时放下沉重的话题，来看看另一个广为人知的有趣案例。

> 有两个信封，里面所装的钱数相差 10 倍，现在博弈双方聪聪和明明分别拿到一个信封，有一个中间人问聪聪和明明："你们是否愿意与对方交换自己手里的信封？"你会如何选择？不要试图通过信封的厚薄来判断，这种想法离博弈实在是太远，已经滑到脑筋急转弯的岔道上去了。

参与者的策略有"交换"和"不交换"，支付即为信封中钱数。聪聪打开信封一看是 100 元，那么他知道明明拿到的信封里是 1000 元或 10 元，他会不会交换呢？在我们的研究中不考虑依据个人的性格来判断聪聪是否已经知足，即排除他根本不考虑明明的信封里可能多还是少，直接选择不交换的情况，而且很明显这样的参与者不是我们要的理性者。也不考虑更多的衍生组合，比如要是以少换多了,则额外奖励多少,要是以多换少了,则额外惩罚多少,不断的衍生可能把参与者搅得脑筋混乱,甚至因此引发大规模非杀伤性毁灭性的金融危机也未可知。

作为理性的参与者,聪聪会如何判断是否交换信封呢?他要考虑的是另一个信封能给他带来的期望值是多少。明明的信封中是 1000 元和 10 元的几率各占一半,那么期望值就是 $1000 \times 50\% + 10 \times 50\% = 505$。当然要换了!

另一位明明呢?假设他拿到的信封里是 10 元,他的道理是一样的,对方的信封里可能是 100 元,也可能是 1 元,期望值是 $100 \times 50\% + 1 \times 50\% = 50.5$,也应该换。

其实这个单次博弈的结果根本不需要打开信封,聪聪或明明拿到一个信封,不用打开就可以计算,假设自己拿到的钱数是 Q,另一个信封里钱数的期望值就是 $10Q \times 50\% + 0.1Q \times 50\% = 5.05Q$,另一个信封里值得期望的钱数永远是自己手里的 5.05 倍,所以拿到任何一个信封都要选择交换。这个有趣的博弈因此也被称为双信封悖论。

令人奇怪之处在于,任何拿到其中一个信封的人都会因为另一个信封的期望值高而选择交换,但无论是参与者还是局外人都知道其实信封里的钱必定是一多一少,这在前提里已经说得明明白白了。不过只要再细想想,令人奇怪之处正是不奇怪之处。

参与者事先是不知道信封里的钱数的,知道的仅仅是钱数相差 10 倍的信息,如果一开始就能判断出哪个信封的钱多,那么拿到多的自然不会交换,拿到少的也只能认了。如果参与者不知道实际钱数,那么无论谁先谁后,是多是少,对于双方都是公平的。

而相互交换的决定正好说明了这种博弈的公平性。如果有一方拿到信封打开一看,然后坚决不同意交换的时候,倒是值得怀疑了,他为什么这么肯定自己拿到的是多数呢?难道有内幕?

接下来考察信封中钱数有上下限的重复博弈。

两个信封里的钱数相差10倍,里面分别装着10^n的钱,n是任意自然数。有上下限其实意味着博弈会在有限的博弈次数内结束。有限次的情况当然可以是9999次或者更多,不过重复的意思既然是一样的,我们就假定信封中最少有10元(n=1),最多有100000元(n=5)。

如果参与者发现信封里只有10元,是一定会选择交换的,如果是100000元,就会选择不交换。现在假定两个信封中分别装有100元和1000元,看参与者的选择。先说明一下,这里选择"交换"策略并不意味着当时就交换,否则就不会出现重复交换的博弈了,作为中间人只是向两位参与者通报对方每次的策略选择,以便参与者决定进入下一次博弈时选择哪种策略。

第一次,聪聪和明明都选择了交换。然后中间人将双方的选择结果告诉对方,并再次询问两人是否愿意交换。第二次,他们仍旧选择了交换。继续,第三次呢?

先来分析一下前两次他们为何要选择交换,这样才能判断随后的策略选择。

这一模型与前面的"双信封悖论"略有不同,因为在"双信封悖论"中没有上下限,参与者选择策略的依据是另一信封中的期望值,而在交换信封的重复博弈中,因为有了上下限,在第一次选择交换之后,这一信息对参与者来说是更可靠的判断依据。

我们假定聪聪拿到的是 100 元，明明拿到的是 1000 元。当第一次中间人告诉他们对方都愿意交换时，聪明的他们就应该明确一个信息，就是对方的手里没有拿到最多的 100000 元，因为谁拿到钱最多的信封，谁就会选择不交换。这里的中间人相当于"脏脸之谜"里的中间人，在聪聪和明明看到自己信封里的钱数后，自然知道不是最多的 100000 元，但是这一点还不是"共同知识"，当中间人将双方愿意交换的信息传递给对方时，两个信封里没有 100000 元的信息就成了"共同知识"。

第二次的结果又是双方都愿意交换，这意味着两人手里都没有 10000 元，因为第一次已经明确没有 100000 元的信封，此时最多只能是 10000 元，如果他们有人已经拿到了 10000 元，当然就不会在第二次仍然选择交换了，既然他们再次选择交换，自然是都没有 10000 元。

第三次，聪聪会继续选择交换，明明会选择不交换，因为此时 1000 元是最多的，明明知道聪聪拿的是两人中少的一份，而自己拿的是多的一份。

在有限次重复信封博弈里，参与者的决策是依据上下限的逆推法，在多次博弈后，拿到钱多的一方先确定自己手里的钱数，从而结束博弈。这里参与者的理性表现在知道自己拿到多的钱数时就结束博弈。

无限次重复信封博弈的情况又会如何呢？先看一下"无限次"在这里的意思是什么。如果信封里的钱数是有上限的，那么我们知道就可以通过逆推一步步确定，最终会在有限步内终止博弈，此时有无下限是没有影响的，因为是逆向归纳。如果有下限，我们是无法逆推的,而且拿到最少钱数的一方会一直选择交换,他不会吃亏的。没有上下限当然更加满足"无限次"博弈的条件。

没有上下限或只有下限都构成无限次博弈下去的前提,而"交换"又是一个均衡解,但是博弈不能无休止地进行下去,会不会有一个类似无限次重复囚徒困境中的"针锋相对"策略出现?看来是没有,因为在这个博弈模型中,任何一方选择"不交换"时,博弈就结束了,不会出现报复性的"背叛"结果。因而只靠博弈论的各种前提,我们是无法知道这个博弈会在哪一步结束的。这个博弈的终止还需要考虑其他因素,比如博弈双方的性格、对钱的敏感度、双方彼此的了解,等等。

但是有限次重复信封博弈给了人们新的启发,看似无意义的信息交换其实带来很多有价值的暗示。大到国际大宗贸易交易,小到街头巷尾的小买卖,无论是商界还是政界,谈判与讨价还价的活动随时随地在进行,而越是复杂的谈判,来回次数越多。

2010年1月,世界第一大搜索引擎google公司传出消息,google打算撤出中国。多次谈判后,中国方面表示,外国企业必须遵守中国相关法律法规的规定,这一底线不容突破。而google公司声称不愿意接受太多的审查。正是在一次次你来我往的试探、接洽之中,各方逐渐显露出自己的真实意图和最终底线。两个多月后,3月23日凌晨google公司宣布将google中国由大陆迁往香港。从此,百度搜索成了国内搜索界的老大。而2017年年中苹果公司针对腾讯微信的打赏功能提出要收30%的管理费用,这同样是一场博弈。

11　谈判博弈

谈判的结局是以各自的实力为基础的,不过博弈水平的高低也会在很大程度上决定谁更容易控制谈判的局面,以便获得更有利的结果。

1918年11月11日,第一次世界大战结束,协约国作为战胜国要在法国巴黎召开会议,讨论处理战后的遗留问题。作为战胜国之一的中国人民欣喜若狂,政府宣布放假三天,并在故宫太和殿前举行盛大的阅兵典礼和游行以示庆祝,中国人以为从此"公理战胜强权"了。

中国自鸦片战争以来所受到的种种屈辱似乎都将在这次胜利中得以洗刷,中国将希望寄托在巴黎和会上,为此提出了7点具体的希望:

1. 废弃势力范围;
2. 撤退外国军队、巡警;
3. 裁退外国邮局及有线、无线电报机关;
4. 撤销领事裁判权;
5. 归还租借地;
6. 归还租界;
7. 关税自主权。

同时还向和会提出撤销中日"二十一条"的要求,"二十一条"指的是1915年1月18日,日本公使日置益向中华民国大总统袁世凯提出的二十一条无理要求。至5月7日,日本政府向中国发出最后通牒,限令于9日前答复。最终,袁世凯政府在5月9日晚上11时接受二十一条中一至四号的大部分要求,第五号内容没有同意,并于5月25日完成签字,签字代表之一是当时的外交次长曹汝霖。

"二十一条"中最为国人熟知的就是"山东问题",即第一号:日本国政府及中国政府,互愿维持东亚全局之和平,并期将现存两国友好善邻之关系益加巩固,兹以定条款如下:

第一款:中国政府允诺,日后日本国政府拟向德国政府协定之所有德国关于山东省依据条约,或其他关系,对中国政府享有一切权利、利益让与等项处分,概行承认。

第二款:中国政府允诺,凡山东省内并其沿海一带土地及各岛屿,无论何项名目,概不让与或租与别国。

第三款:中国政府允准,日本国建造由烟台或龙口接连胶济路线之铁路。

第四款:中国政府允诺,为外国人居住贸易起见,从速自开山东省内各主要城市作为商埠;其应开地方另行协定。

巴黎和会中国选派陆徵祥和顾维钧为正代表,施肇基、魏宸组、王正廷为副代表的代表团。当时"巴黎和会的正会长由法国代表团长克莱蒙梭担任。副会长由美国代表团长蓝辛、英国代表团长劳合·乔治、意国代表团长奥兰多、日本代表团长西园寺侯爵担任"。由此可见,巴黎和会的实权完全操纵在法、美、英、意、日五国手中。

1919年1月18日,巴黎和会正式在凡尔赛宫开幕。中国的7点希望(提案)均被驳回,理由是提案不在和会权限之内。剩下的山东问题在1月28日开始讨论。

年仅31岁的中国年轻外交官顾维钧在巴黎和会上用英语作了演讲:"今天,我为我能有机会站在这里向世界表明中国的立场感到由衷的高兴。长久以来,中国人民期待着,期待着这个时刻的到来。因为,这是和平的大会,它不仅将给世界带来和平和公正,也将给中国带来和平和公正。我们怀着这样的期待和希望来到和会。我们努力实现着我们渴望已久的梦想。但是,这绝不是一个虚无缥缈的梦想,因为,它是真实的。它是一块有着黄色土壤的中国领土,一条孕育着中国古老文化的河流抚育着它成长。在这块土地上,诞生过举世闻名的孔子和孟子,他们不仅对中国,而且对世界的文明产生了极大的影响。在中国人的心里,它是神圣之地,是中国文明的摇篮。它的名字叫山东!

"众所周知,这片租借地,是德国用武力夺取的。鉴于和会接受的民族自决与领土完整的原则,中国政府要求和会将德国战前在山东的租借地、铁路和其他一切权利归还中国!

"中国不能失去山东,正如西方不能失去耶路撒冷一样!山东永远是中国的,她就像母亲的孩子,永远不会送给任何人!"

顾维钧30分钟的精彩发言,致使"全场鼎沸,掌声如雷"。以美国总统威尔逊为首的五强代表团纷纷拥上前来与顾维钧握手致贺。甚至连日本首席代表西园寺也向顾维钧鞠躬致意。法国总理克莱蒙梭事后评论道:"顾维钧之对付日本,有如猫之弄鼠,尽其擒纵之技能。"

但在1919年4月,日本代表在巴黎和会上将中国驻日公使章宗祥答复日本外相后藤新平关于山东问题表示"欣然同意"的换文公开,致使中国在谈判上非常被动。加之巴黎和会实际上不过是大国的分赃会,它们为了各自的利益,最终决定牺牲中国的合法权益,并强迫中国无条件接受。

这一事件成了引发"五四"运动的导火线,中国的历史也因此改变。

"五四"一个多月后,1919年6月28日,巴黎和会签约仪式在凡尔赛宫举行,人们发现中国代表的两个座位上空无一人。此时,顾维钧正乘汽车经过巴黎的街头。他在回忆录中说:"汽车缓缓行驶在黎明的晨曦中,我觉得一切都是那样黯淡……那天色,那树影,那沉寂的街道。我想,这一天必将被视为一个悲惨的日子,留存于中国历史上。同时,我暗自想象着和会闭幕典礼的盛况,想象着当出席和会的代表们看到为中国全权代表留着的两把座椅上一直空荡无人时,将会怎样的惊异、激动。这对我、对代表团全体、对中国都是一个难忘的日子。中国的缺席必将使和会,使法国外交界,甚至使整个世界为之愕然,即使不是为之震动的话。"

巴黎和会失败了!

但是顾维钧的言辞令那些列强们再也无法拿起虚伪的面具,至少他们再也不能大谈特谈"公理"和"正义"了。

最终,中国拒签巴黎和约!

这是中国近现代历史上第一次在国际舞台上展现强硬的外交姿态,有人认为这也是近现代中国第一次向列强说"不"。而年轻的外交官顾维钧在巴黎和会上的表现更是令世人瞩目。

巴黎和会悬而未决的山东问题,时隔三年后在1922年华盛顿会议上得到部分解决,顾维钧再次出现在会议上。经过36次谈判,中日签署了《解决山东悬案条约》及附件,日本逐步交出了强占的山东权益,"二十一条"的部分内容得以废止,最终在1945年日本战败而彻底废除。

虽然外交界有句俗话——"弱国无外交",但是一国的外交水平并不是简单地与国家的强弱成正比,高超的外交在许多时候能令较弱一方在谈判中获得更多的利益。

顾维钧一句"中国不能失去山东,正如西方不能失去耶路撒冷一样",既表达了中国的态度,又令在场的西方人感受到了中国人的内心世界。虽然巴黎和会最终失败了,但是顾维钧传达给世界的信息是坚强而有力的。

12 砍价：劳资博弈

离开那段沉重的历史话题，换一个当前热点的问题。

就业始终是全世界、全社会关注的问题，2008年和2009年席卷全球的金融危机令这个问题备受瞩目，而中国于2008年1月1日开始实施的最新《中华人民共和国劳动合同法》也引起劳资关系的一次大震动。

在市场经济环境下，劳资关系是社会生活的一个重要环节，在雇主与雇员之间存在彼此长期博弈的过程。20世纪50年代，赫伯特·西蒙（Herbert Simon）建立了一个关于雇主与雇员之间的雇佣关系博弈模型。

出生在美国的德国裔犹太人赫伯特·西蒙是20世纪有重要影响的社会科学家，他研究的领域非常宽广，涉及心理学、计算机、管理学、经济学、科学哲学等等，他还是人工智能的先驱，并在1978年获得诺贝尔经济学奖。我们希望能从西蒙的这个雇佣模型中得到关于现实劳资关系的启示。

我们把博弈双方称为雇主和雇员。西蒙的雇佣关系模型是一个动态博弈模型，即扩展式博弈。首先要做出选择的是雇员，雇员可以选择"接受雇用"和"拒绝雇用"，以下简称"接受"和"拒绝"。

雇主的策略选择是在雇员选择"接受"之后，他是"剥削"还是

"不剥削"。这里的"剥削"与"不剥削"的区别在于"剥削"比"不剥削"能获得更多的利润。

与飞轮和盛典的小洗衣机市场模型类似，做决策的先后顺序是我们分析问题的起点，而不是现实中雇员已经做出决定。雇员要考虑如果自己"接受"，而雇主选择"剥削"，那么自己的最好策略就是"拒绝"。对于雇主来说，如果自己"剥削"雇员，雇员就会"拒绝"，那么自己就什么都得不到，所以雇主不能"剥削"，这样一来，雇员就该"接受"，可是"接受"后能否保证不被雇主"剥削"呢？

通常的做法是双方签订劳动合同，但是合同并不能非常详尽细致地将双方可能发生的所有劳动内容都罗列下来。如果在实际工作中遇到并不存在剥削但是又没在合同中说明的工作内容时，雇主与雇员之间就可能会引发一些不愉快。

在西蒙的模型中，雇主和雇员之间签订的合同是开放型契约（open-ended contract），合同只规定了雇员的工资，以及雇员服从雇主的工作安排。如果遇到合同没有规定的内容，那么雇主是可以随时指挥雇员的。可是这就令雇员担心雇主会在某些时候故意将超出工作范围的过于繁重或者复杂的工作当作偶然性的工作强加给自己，这就是西蒙模型中的"剥削"。

西蒙模型中的雇员为什么不担心会被雇主剥削呢？有这样几个原因，首先开放型契约又称为无固定期限合同，这是赋予了雇员具有随时辞职的权利，如果你雇主做得太过分，对不起，我辞职不干了，这令雇主不会完全不顾雇员的实际情况而强加工作任务。

但是，对于雇员来说辞职可能意味着失业或者进入另一个较新的领域，自己的工作技能反而降低，还会增加各种费用等等，这些对雇员的不利因素其实是增加了雇主剥削雇员的机会,那么雇员在签订合同之前为何不将这些因素看作是雇主剥削自己的一种威胁呢?

当然,也许雇员的确意识到雇主是要剥削自己的,但是自己没有更好的工作机会,或者雇员意识到其实雇主也不是完全占优势,因为一旦自己辞职,虽然自己会为此承担不少成本,但是雇主同样要为雇员的辞职付出代价,比如培养新人而带来的效率损失、机会成本,等等。这些因素可以部分地解释雇主的剥削"威胁"不可信。

不过,雇佣博弈的长期存在是以雇员的"接受"与雇主的"不剥削"为基础的。上面的因素的确影响着双方的关系,但是有没有更加一般的制约双方的博弈条件呢?

日常社会生活中,许多知名不知名的企业都非常注意自身的企业形象,专门设有形象设计、公共关系等部门,或者请专业公司为自身做包装,它们的目的是维护企业的声誉。每当出现不良事件时,它们都会及时做出反应向大众解释,以免影响声誉,从而影响之后的利益。但也有例外,如某些大公司、大企业会为了维护自身暴利而选择胡言乱语,还有一些企业会生产劣质产品,如笔记本电脑会黑屏、死机等,但是事后却强词夺理,把故障交给一个名叫"小强"的蟑螂,拒不维护声誉,这又是怎么回事?

按照正常的思路,大家都很难理解这些行为,不过可以通过一个例子帮助大家理解。假如奶粉市场上的某一种品牌奶粉被发现掺了某种非食用物质如三氯氰胺(化工名词,只上过化学课的人未必知道它,博弈论专家一般也不知道这是什么),大家很容易抵制拒绝这一品牌的奶粉,转而购买其他品牌即可,可是当全体人民发现摆满柜台、琳琅满目、品种众多的所有奶粉都或多或少地掺入了这种大家不知道的"化工名词"时,人们将会如何?……人们不得不在下面两种策略中抉择:不买,或等等再买(不信也得信地相信"化工名词"已经从奶粉市场回到化工行业了)。不过很遗憾,选择"等等再买"策略的参与者失败了。另一个例子,可以用卫星控制自家超市商品物流的大企业当然有理由把每个顾客看作潜在的小偷(每个人的确都有这种潜质这不需要证明,偷与不偷的区别不在于能不能而在于愿不愿,但实际上好人做坏事比坏人做好事还难),"偶尔地"错把个把好人当坏人打打又有何妨?人们又面对这样的选择:为了省钱去买天天低价的商品还是避而远之。但是一个被称作CPI的东西总徘徊在人们的生活中,据说它能令人们坚持为了省钱"铤而走险"。

大家很容易发现这些例子都是个案,大多数企业是关注自己的声誉的,雇主也一样。

西蒙在雇佣博弈中讲到这一点,雇主可以在签订合同时就告诉雇员,虽然合同是开放型的,但是自己并不会有意增加繁杂的工作"剥削"雇员,这种口头承诺当然不具备法律效力,但也并非就是不可信的承诺,因为如果雇主事后"剥削"雇员,那么他败坏了自己的声誉,在雇员辞职之后,雇主将再难雇到新人。这是根据动态博弈的特点,后来者能够观察到之前的博弈过程和结果,一个无法遵守承诺的雇主当然不会再得到雇员们的青睐。

如果这个雇主做的是一次性买卖,剥削雇员几乎是必然的,因为雇员走了就走了,已经没有以后了。雇主与雇员单次博弈的支付模型(雇主,雇员)如下:

接 受		拒 绝
剥 削	不剥削	
(2,−1)	(1,1)	(0,0)

通过"剥削",雇主确实得到了额外的利润,雇员受到了损失。这种案例也很多,在市场发展不成熟的阶段,投机行为充斥每个角落,今天得到一笔收入明天就能让你找不到人,真能做到人间蒸发。

但是当雇主做的是长期生意,不仅要多次与雇员博弈,而且还会面对多个雇员时,就相当于一场重复博弈,那么他的声誉此时就很重要了。很明显,当雇主需要三个雇员时,如果他"剥削"第一个雇员,那么他最后只能得到支付 2,如果他"不剥削",就会得到支付 3。显然,第一个雇员接受雇用,雇主不剥削雇员;第二个雇员接受,雇主不剥削……是一个均衡解。

实际上这个模型还有更多的均衡解,如作为求解扩展式博弈均衡解的一个办法,即逆向归纳法,也会得出一个解。根据逆向归纳法,如果雇主和雇员在博弈的某一阶段意识到两人之间的博弈已经是最后一个回合的时候,雇主会利用最后这个机会"剥削"雇员,因为后面没有其他雇员了,他不必担心自己的声誉了。雇员也会想到这一点,所以雇员就会选择"拒绝"。以此类推,倒数第二个博弈也是雇员"拒绝",直到第一个雇员也选择"拒绝"。

除此之外,还有几种可能影响到这个雇佣模型的现实因素。第一,并非雇员都能了解或者知道雇主的"剥削"历史,而且先前的雇员声称雇主"剥削"自己的话是否可信等等,这是信息不完全的情况。第二，雇主可以对以往的"剥削"行为忏悔，祈求后来者的原谅，如果他的"剥削"行为不是不可原谅的，那么雇到新人的几率很大，这一点实际上是说西蒙的模型中看重的"声誉"问题并不那么重要，即还没有重要到可以促成雇主与雇员之间长期稳定的合作关系。这正好与我们刚才插入的两个不在乎声誉的个例类似，上面说的与顾客有关，这里说的与雇员有关。第三，正如实际中一样，一个企业的声誉、雇主的声誉、执行者的声誉等等，都可能与雇员的选择有关，有时很难说清是哪个"声誉"在起作用。总之，现实中的关系要远比一个理论模型复杂得多，作为初学者到这一步已经足够了，更深入地研究需要阅读更专业的书籍以及更多的数理知识做基础。

虽然西蒙的雇佣模型不能等同于现实，但是它给研究、分析经济活动中的劳资关系提供了许多思路和启示。

中国在改革开放后经济迅速增长，曾经在许多产品上出现的"日本制造"(Made in Japan)改为了"中国制造"(Made in China)。而中国作为发展中国家能成为全世界的加工制造中心，很大一部分原因在于劳动力低廉，直接降低了产品生产的成本，而在发达国家产品中的人力成本是相当高的。

要想用西蒙的雇佣模型来描述中国的现实情况就需要加以修正。在雇主没有良好声誉的前提下，雇主依然能雇用到雇员，这是因为存在大量劳动力使雇员的博弈处于不利的一面，即雇主不会因为声誉不好而雇不到劳动力。这时雇主选择雇用并加以剥削的几率大大增加，这正是众多劳动大军常年面对的现实状况。但是作为社会整体发展的结果，劳动力长期低廉的阶段总要过去，2010

年春节后众多城市已经显现出不同程度的"劳工荒"。不过当2008年《劳动合同法》颁布执行时,依然在全社会引起不小的波澜。

其中最引人注目的是合同的签订,但是与西蒙雇佣模型的前提不同,中国当前的情况不是根据劳动合同会出现若干变化,而是要不要、能不能签订合同的问题。因而,西蒙雇佣模型需要修正一下:雇主和雇员的策略分别是"愿签"和"不愿签",有四种策略组合(雇主,雇员):(愿,愿)、(愿,否)、(否,愿)、(否,否)。

这个修正后的模型比原来的模型更简单了,估计大家已经看出来,这不再是一个动态的扩展式博弈,而是一个纯策略的静态博弈。虽然模型简单了,却说明我们面对的问题是一个更基本的问题,也就意味着我们的劳资关系还处于初级阶段,还不具备动态的劳资双方相互博弈的基础。

从长期发展来看,双方签订劳动合同是保证双方利益的最佳选择,但是现实中似乎是雇主一方还处于无合同的惯性之中,但这于双方其实都是不利的。利益的获取不能简单地看作是由于廉价的劳动力,这种初级阶段的想法不利于保证获得长期利益。一个很大的原因是雇主缺乏如何获取利益的方法和思路,只能停留在初级阶段,但是产业升级是不可逆转的趋势,抓住时机拓展更广阔的获利通道才是正路。

不签订合同的情况,普遍地认为是雇员一方受损失的可能性更大,但这只是问题的表面。其实在没有合同的保障下,雇主一方的很多潜在利益也要承担风险。如雇员可以随时选择跳槽,并通过积累更多的工作经验获得更好的福利待遇,而原雇主因为对频繁跳槽的担心无法真正培养出长期稳定的高级人才，结果令自身的发展始终停留在初级阶段而无法提升。总把希望寄托在直接引进高级人才的策略上是不合实际的，正如西蒙的雇佣模型中显示的，当大家看到一个企业频繁出现人才流失时，就会怀疑这个企业的声誉，真正的高级人才并不是"大量"的、可以随意压低成本的廉价劳动力，在这一点上西蒙的雇佣模型是适用的，一个声誉不好的企业是吸引不到优秀人才的。

企业长期无法升级所带来的损失恐怕远远超过了由签订合同所增加的雇员福利。这一点也不妨可以看作高瞻远瞩的企业家和目光短浅的小老板之间的一大差别。事实上，很多小企业雇主一直在苦苦寻找成长为一家大企业的"秘笈"，却犯了一个基本的错误，认为大企业规范的合同制度是迫不得已的选择，或者认为等自己发展壮大了自然也会正规起来，殊不知，正因为规范化才使一家企业由小变大。当然，规范化不仅仅指雇佣关系，还包括其他各方面。一个企业能否透过各种劳资关系看到更远的未来，在一定程度上决定了这个企业的未来。

到了2017年，人工成本已经成为很多企业的主要成本，这一形势正在逼迫企业进行转型升级，而在这个转型过程中，很多产业面临着消失的可能，很多曾经风光的人群也将逐渐淡出人们的视线。这是一个大浪淘沙的过程。

有一个讨价还价的例子可以帮助人们更好地理解什么是多看一步，如何才能在现阶段获得更好的结果，而不是等着"未来"到来之后，只能默默地接受"命运"。

13 出价:讨价还价博弈

不管是蛋糕、馅饼还是100元现金,当两个参与者面对如何分配这些物品时,他们会如何提出自己的分配方案呢?如果对方不同意自己的提议,又会有什么变数呢?这就是一个讨价还价的模型了。

我们以分配100元为例。参与人分别提出自己的分配方案,如果两人各自所要的总和不超过100,则各得自己所要数额,如果超出100,则两人分毫不得。现在伶俐虫和机灵鬼分别提出自己的方案,方案次序为(伶俐虫,机灵鬼),比如伶俐虫提出(40,60),自己得40,而机灵鬼提出(55,45),自己得45,那么因为两人所要总和为85,小于100,所以结果就是伶俐虫分得40,机灵鬼分得45。如果伶俐虫提出(55,45),机灵鬼提出(45,55),那么总数为110超过100,两人各得0。

这一模型比较简单,凭直觉就能知道均衡解是(50,50)。但也可能出现其他的意外,比如伶俐虫首先声明他要选择(100,0),这一占便宜的行为能否得逞?直觉当然是不允许出现这么无赖的方案的,可是对于机灵鬼来说,如果伶俐虫提出了这一方案,他在任何其他选择方案中的所得都只能是0。此时如果机灵鬼是理性并且善良的,他选择(0,0)让伶俐虫得到100的可能并不是没有,如果他是理性并且恶意的,他当然会选择$(0,n)$,n是大于零的任何数,这样双方都一无所得。

不过在现实中是允许双方出价之和超出某一范围的,因为并不是必须一次定下来,完全可以多几轮出价,如果第一次大于总额,那不妨坐下来再谈谈。

关于讨价还价的问题,纳什专门写了一篇文章就叫《讨价还价问题》,他从合作博弈的角度探讨了最终的解也是"均分"。

我们现在沿着另一条思路来看轮流出价的讨价还价模型。与上面两人出价后直接相加决定分配结果不同,轮流出价是由一方先出价,提出分配方案,另一方决定是否接受这一方案,接受则博弈结束,不接受则由第二人出价,再由第一人决定是否接受……

这一模型也分有限次和无限次。有限次假定为四次。

第一次,伶俐虫提出$(a, 100-a)$,机灵鬼接受的话博弈就结束,机灵鬼不接受则进入第二次;第二次,机灵鬼提出$(b, 100-b)$,伶俐虫接受的话博弈结束,否则进入第三次;第三次,伶俐虫提出$(c, 100-c)$,机灵鬼接受博弈结束,否则进入第四次;第四次,伶俐虫和机灵鬼的分配方案为$(d, 100-d)$,因为在有限次博弈次数内,双方始终无法达成共识,那么最后一次就强行终止博弈。此时的分配方案实际是由外界给出的一个标准确定的,如我们在例子中给定了博弈四次,那么到了第四次无论是何分配方案博弈都将终止,并按照最后的方案实施分配。

用逆向归纳法分析一下为什么最后的方案是均衡解。如果双方不接受最后的方案,那就意味着他们必须接受上一次的方案,但是机灵鬼不会接受伶俐虫提出的$(c, 100-c)$方案,因为他在第二次已经提出了(b,100－b)方案,同样,伶俐虫也不会同意机灵鬼第二次的方案,因为他第一次提出的是(a,100－a)。

也许有人会觉得这个博弈有问题,因为先出价一方完全可以在一开始就选择(50,50),从而令博弈结束,根本无需往下继续博弈。但是这样的想法显然并不现实,很多时候人们都发现这样的例子:两人合伙创业,一人拥有资金,一人拥有技术,他们开发的新领域还是一片蔚蓝的大海,但是在公司的股份分配上两人却迟迟谈不拢,随着时间流逝,蓝海上渐渐飘来腥风血雨的味道,他们进入这一领域的最佳时机已经错过了,但是此时进入还有机会,于是两人匆匆商定各自股份(当然也许就是50与50,但无法保证一定是均分),接受了"命运"所赐。其实,如果他们能更早地确定方案,他们的收获将远远超出实际所得,这也是日常所说的"眼光"。

深思熟虑的人会考虑到错过时机的可怕,如果是在分冰激凌,那么一定要考虑它可能一直在融化,不能没完没了地轮流出价,拖的时间越长所剩就越少。如果是100元现金,还要考虑随着时间的推移,带来货币贬值的风险。总之,我们要考虑类似这样的损失,并用贴现(率)来表示。

假定伶俐虫和机灵鬼的四阶段博弈贴现率为t,那么在伶俐虫第三次提出(c,100－c)时,他要考虑第四次机灵鬼所得为(100－d),要想让机灵鬼在第三次同意自己的方案,必须令(100－c)不小于t(100－d),否则机灵鬼不会同意,此时的方案是(100－t(100－d),t(100－d))。再往前到第二次,机灵鬼提出(b,100－b),考虑第三次伶俐虫得到100－t(100－d),所以b不能小于t(100－t(100－d)),此时的方案是(t(100－t(100－d)),100－t(100－t

(100－d)))。再看第一次时,伶俐虫提出(a,100－a),此时(100－a)不小于 t(100－t(100－t(100－d))),方案为(100－t(100－t(100－t(100－d))),t(100－t(100－t(100－d))))。

这一串数字和字母很迷惑人,其实带入一个简单的数值就比较好理解了。假设 d＝40,t＝0.9,那么在没有贴现时,最后两人的分配方案是(40,60),有贴现时方案是(47.26,52.74);再如没贴现时要是(50,50),则有贴现时为(54.55,45.45)。

有一个有趣之处,先提出方案的一方总会得到较好的结果,这一特点被称为"先动优势"(先动优势曾在前面飞轮和盛典的博弈中提到,但与此处的含义不同)。要取消这一先动优势,需要后提出方案的一方尽量缩短讨价还价的周期,即立即还价。另外当我们把 t 设为 1 时,很容易发现无论多少次讨价还价都不影响各自的决策,因为这是没有任何损失的谈判,也就是没有任何结果的谈判。

贴现既可以是货币贬值的速度、冰激凌融化的速度,也可以是讨价还价的耐心。

上面我们假定伶俐虫和机灵鬼的贴现率相同,但实际上两者完全可以不同,甚至相差悬殊。因为对待一个事物的看法,以及该事物与各自的利益相关程度会有差异,那么参与者在讨价还价时的"耐心"也必然是不同的。

如之前说到的客流量比较大的车站、码头等处的博弈,也可以将博弈视为讨价还价模型。双方轮流出价,但是旅客的"耐心"很差,因为他还有其他的事,他的贴现率很低,可能只有 0.1 或 0.2,而对于店方来说,却很有"耐心",贴现率接近于 1,所以讨价还价的结果基本是旅客接受店方定价。不管是蛋糕还是馅饼,总是耐心大的一方多吃或全吃。在这里还能得出两个结论:第一,当一个贴现率不等于1的博弈方遇到贴现率等于1的另一方时,注定要空手而归;第二,当遇到贴现率等于1的对手时,即便是先动,这一优势也将自然消失。说明一下,无论博弈方的贴现率有多高,哪怕是0.99,只要不等于1,就一定会彻底输给有绝对"耐心"(贴现率等于1)的人,因为他可以一直拖到对方放弃为止,贴现率为0.99只是意味着拖延的次数会很多很多而已。对于贴现率等于1的博弈方而言,先动后动没有优劣的区别,他打的是"持久战"。

在现实中因为大家并不知道一次讨价还价的过程要进行多少个回合,因而可以视为无限次的重复博弈。而讨价还价能力强的,在现实中正是那些有足够"耐心"的人。

在大型谈判场合,各方都会表现得非常冷静,这是表示自己一方有足够的耐心,即便已经心急如焚也要示人以静,这样能多分点"蛋糕"。在街头巷尾、集贸市场的交易之中,也往往是有"耐心"的人能砍下价。公务繁忙的人买东西时基本没什么讨价还价能力,不是做不到而是没"耐心",因为花在这上面的时间所造成的损失要远大于讨价的结果,买一斤白菜花一个小时节省5角钱,可能损失两个客户或一笔百万订单等等。但此时可以简单地利用"先动优势","便宜点?!""不能便宜了!哎哎,再加点……回来回来,根本就不挣钱,拿好,慢走,再来啊!"一般会节省一点。反之,没什么大项目急等着签协议就慢慢砍价喽!反正闲着也是闲着。

通过讨价还价的模型案例,不仅了解了一个新的博弈模型,而且注意到两个词:贴现和耐心。

许多人会怨天尤人,强调众多的客观因素,感慨自己时运不济,甚至因此觉得命运如何如何。其实,我们通过上面这个博弈模型发现,某种意义上,"未来"是握在自己手里的,如果今天你还没有实现愿望,那一定是之前的某一阶段你做的准备不够充分。被动地接受一个结果与主动地创造一个结果是有本质区别的。

想问题不妨多看几步,做事情更应多点耐心。

第四章
梳理：不完全信息静态博弈

国无常强，无常弱。
奉法者强，则国强；
奉法者弱，则国弱。
——韩非子

1 谁来制订规则？

大多数时候人们不该把博弈对手想得太笨，而是要尽量将之想象为非常聪明的人，在博弈论里我们不就假设了博弈双方都是专家级理性参与者吗！可是，大家一定还记得在大小猪一节中讲到的所罗门的故事，那里面冒充孩子妈妈的人显然不是我们理解的博弈参与者，甚至会令人以为这样的故事仅仅是为了彰显所罗门的智慧，可是在新的疑问出现之后，我们应该设想所罗门有更好的办法。

在面对因失去孩子和保护孩子的真假母亲时，所罗门出的主意虽然在传说中很顺利地解决了问题，但是却很难令人信服。最简单的，我们也知道所罗门没有遵守自己的承诺，他仅仅是使用了一个小技巧，但是这种技巧没有可重复性，这样的"智慧"是一次性的。一个额外的问题，一次性的"智慧"是智慧吗？或许这样的智慧只属于所罗门一个人，那么这个故事就没有启示性，只是一个好玩的故事而已。

在所罗门下令"把这孩子劈成两半，一半给这个女人，一半给那个女人"的时候，他实际上是做了这样的假定：孩子的真母亲当然不会接受，但是孩子的假母亲却愿意接受。可是这个假定真的无懈可击吗？

孩子的真母亲不会接受，理所应当；孩子的假母亲愿意接受，大有蹊跷。

故事中的假母亲必须符合这一苛刻的条件，但这太不具有一般性了。

原则上，我们并不假定这个假母亲会非常善良，因为善良的母亲不会因自己的失子之痛而去造成另一位母亲得到同样的痛苦，而且她的孩子终究是不可挽回地死了，这一点所罗门可以不知道，她却和孩子的真母亲一样清楚。所以，在法律面前（所罗门代表了法律，但显然不够严谨和严肃）假母亲和真母亲都应该假设为理性人。首先，我们不认为失去孩子的母亲是道德上的大坏蛋；其次，即便是坏人我们也不认为他们都是愚蠢的；第三，我们假定即便是坏人也是可以进行理性思考的。

因而，在面对所罗门的命令时，第一个母亲说："陛下，我不要这孩子了！他不是我的孩子！你把孩子交给她吧！"而第二个母亲说："把这孩子给我吧，他是我的孩子。"现在谁真谁假呢？

如果第一个仍然是实际中的真母亲，所罗门如何才能确定这一点呢？真母亲固然会考虑孩子免受伤害而放弃孩子，但是也可以是假母亲因为不希望看到孩子被伤害而这样说，或者仅仅是因为假母亲还不笨没有上所罗门的当而说的。并且如果第二个母亲是实际中的真母亲，难道她也要说"陛下，我不要这孩子了！他不是我的孩子！你把孩子交给她吧"这样的话吗？如果是这样，所罗门可能就更犯晕了。实际上，第二个母亲说的话不也是一个真母亲应该说的话吗？

其实现在需要博弈的不是所罗门和两位母亲，而是真假母亲之间的事，所罗门应该做一件事，就是设计一个可供区别真假母亲的博弈规则，而不是简单地假定她们的善、恶和聪明与否。

我们就来试着设计一个机制，让无论是好是坏的真假母亲都能说出实话，帮孩子找到真正的母亲吧！

我们分别称两个参与者是母亲甲和母亲乙。当母亲甲声称孩子是"我的"，母亲乙说孩子不是"我的"时，孩子归母亲甲；同理，母亲甲说孩子不是"我的"，母亲乙说孩子是"我的"，孩子归母亲乙；这两条基本就等于假母亲在所罗门面前"坦白从宽"了。关键是她们都声称孩子是"我的"时，孩子如何处理。一个简单的办法就是，此刻孩子交给双方共同抚养，并以所罗门的名义细化实施方案，让双方能切实地做到共同抚养孩子。不存在双方都声称孩子不是"我的"可能性，那比荒诞剧还不可理解，不会发生在我们的博弈模型中的。少了最后一种情况并不影响结果，因为所罗门的目标是找到谁是孩子的真母亲。

在这样的规则下，母亲甲和母亲乙要做出选择。真母亲不必再担心相互争抢而害了孩子的性命，她的最佳策略当然是声称孩子是"我的"，因为最坏的结果是双方共同抚养，而好的结果是自己得到孩子，这是占优的策略。假母亲是否愿意承担共同抚养的成本？如果所罗门没有附加惩罚条件，并且她是一个理性的博弈方，我们知道她的策略会是声称孩子不是"我的"，即说出真话。

这个规则是不是唯一可以帮助所罗门解决所遇难题的办法呢？当一个思路局限在一条死胡同里的时候，就会出现"山重水复"的心态，正如局限在圣经故事里，会以为按照所罗门的办法就能解决类似的纠纷似的，而当突破了这一局限之后，当然是"柳暗花明"了,办法何止一个。

我们不妨再来看一种较复杂的规则,这个机制通过罚款和竞标的形式表现。

首先由母亲甲提出孩子是不是她的,如果她说"孩子不是我的,是母亲乙的",那么很简单,博弈结束,孩子交给母亲乙,因为真母亲不会将孩子拱手让给假母亲的。

如果母亲甲说"孩子是我的",而母亲乙同意,那么孩子交给母亲甲。

如果母亲乙不同意,那么再由母亲乙提出一个竞标价格(这个竞标价格可以是抚养费,交给所罗门管理,也可以是违约金,以后一旦违约就扣掉,履行约定返还),我们不区分这个用途,只用字母Q(代表钱)。接下来,母亲甲先要交给所罗门一定数额的罚款 F,这个罚款数不必太大,仅仅是象征惩罚即可,接着母亲甲再次决定是否提出竞价,如果不竞价,那么孩子交给母亲乙,如果母亲甲要接着竞价,那么母亲乙也要支付罚款 F,母亲甲可以继续提出大于 Q 的竞价 Q_1,再由母亲乙决定是否竞价……

为什么在竞价的基础上还加一个罚款 F 呢?这是说,只要一方竞价了,另一方就必须支付的代价,而竞价的数额是出价,并不直接损失,因为假母亲可以不接受竞价,退出,如果没有罚款,假母亲就可以一直捣乱下去。这个罚款其实是对假母亲的惩罚机制。

这是否是一个有效的办法呢?

我们看,无论真母亲是母亲甲还是母亲乙,她都会一直竞价,现在的问题就是我们要淘汰的假母亲是否也会持续竞价呢?

先假设真母亲是母亲甲的情况。母亲甲当然要说"孩子是我的",所以进入母亲乙做出选择的阶段。作为假母亲的母亲乙如果选择继续竞价而不承认孩子是母亲甲的,那么虽然母亲甲因此会交出 F 的罚款,但她必须面对母亲甲接下来提出的竞价 Q,因为作为真母亲的母亲甲是不会放弃竞价的,此刻母亲乙同样要交付 F 的罚款,并且面对接下来是否继续竞价的选择,如果此阶段她意识到自己选择竞价就要提出更高的 Q_1,如果不竞价就损失了 F 的罚款,并且她知道真母亲不会因为自己的数次竞价就放弃自己的孩子,那么结果只能是自己的损失越来越多,而孩子还是别人的孩子,因而母亲乙不会继续这一循环,即当母亲甲在一开始声称"孩子是我的"后,母亲乙会选择结束,声称"孩子是她的"。

再假设真母亲是母亲乙的情况。作为假母亲的母亲甲如果首先声称"孩子是她的",那么结束,孩子交给母亲乙。

如果母亲甲声称"孩子是我的",那么再由母亲乙做出选择,作为真母亲的母亲乙当然不会同意,她先支付罚款 F 后,理所当然地提出竞价 Q。此时母亲甲必须也交出罚款 F,并决定是否继续竞价,如果不竞价孩子判给母亲乙,作为假母亲的母亲甲平白损失了 F;如果母亲甲继续竞价,她就要提出新的竞价 Q_1,而母亲乙是一定会继续的,母亲甲当然知道自己的损失会越来越大。因而,这种情况下,母亲甲作为假母亲会在首先声明中选择"孩子是她的"。

这几种情况下,我们看到,真假母亲都是直接声明自己的身份,而没有拐弯抹角。

的确,对于这一模型来说,这一机制是成立的,所罗门可以以此更漂亮地完成他的判决。

其实,在第一种方案里,双方共同抚养孩子倒也未必不是一个可接受的选择,试想这个失去孩子的母亲如此执着地想要一个孩子,大概是出于太喜欢孩子的缘故,那么孩子多一个母亲也未必不好。换句话说,如果这个失去孩子的母亲的确非常爱孩子,而不仅仅是爱自己的孩子的话,双方共同抚养孩子的建议也许并不能区分出真假母亲来,爱孩子的假母亲完全可以接受这一要求,但显然她不符合我们的参与者要求。同样的,在第二种方案里,真假母亲虽然事先就被告知了这一机制的运作方式,并且也清楚地意识到可能遭遇的损失,但是假母亲未必不会为此争执下去,但那同样违背了理性参与者的要求。

　　大家也许会想,说来说去,这些办法未必能在实际中有效!实际中真假母亲对钱的敏感度不同,如果假母亲很有钱,而真母亲竞价不过她,并且假母亲也不是完全理性的参与者,那该怎么办?其实我们也不是一定要强调现代的观点就远胜于所罗门,只是按照更接近常人的想法,并依据博弈论构造了一个博弈模型来更可信地解释一下这个传说中的故事。如果在当事人神智正常的情况下,我们的确倾向于认为以上的机制更有利于解决这一纠纷,如果发现当事人确实有神智不正常的迹象,再试一下所罗门的原始办法倒也不妨。

2 自然：海萨尼转换

再回到另一个故事上去。狭路相逢的斗鸡博弈中，我们终究还是不知道谁会冲上去谁会退下来，当时我们给了一个混合策略解，是一个通过概率给出的解。还有一个非规范的扩展解，即呆若木鸡式的解，前面也说过了，虽然这个解不是规范的，却是可行的。用数学的语言可以描述为：呆若木鸡式解不是这一模型的一般解，而是一个特解。现在我们进一步分析这个案例，看看能否找到求解模型一般解的办法。

首先要介绍一下在猎鹿（狩猎）博弈中提到的一个人——海萨尼，这位经济学家出生在匈牙利的布达佩斯，后在澳大利亚学习生活过一段时间，随后前往美国，在斯坦福大学师从比他还小一岁的阿罗（Kenneth Joseph Arrow），在阿罗的指导下完成了一篇博弈论论文。这个阿罗就是提出阿罗不可能定理（即阿罗悖论）的人。阿罗在1972年获得诺贝尔经济学奖，而海萨尼正是与纳什、泽尔腾一起获得1994年诺贝尔经济学奖的博弈论专家。

我们说的斗鸡博弈在1967年之前还无法用博弈论来解决，因为在双方信息不完全的情况下，根本无法制定博弈的具体规则，从而无法分析。海萨尼于1967年和1968年在《管理科学》(*Management Science*)上分三次发表了一篇由三个部分组成的论文"贝叶斯参与者完成的不完全信息博弈"(Games with Incomplete Information Played by "Bayesian" Players)。由此人们找到了一种处理不完全信息博弈的标准方法。

在介绍海萨尼的办法之前,我们先解释一下在完全信息博弈中讨论的斗鸡博弈如何又变成了不完全信息博弈。

在完全信息博弈模型中,斗鸡博弈的两个参与者都能看到博弈支付,并且参与者的策略是共同知识,这符合完全信息博弈的条件。但是我们知道如果不出现纪渻子为齐王训练的"不战而屈人之兵"的"呆若木鸡"的话,两只斗鸡互不相让,就会僵持下去而无从分析。根据"呆若木鸡"的启发,可以发现如果一方能知道另一方的实力,那么就会打破僵局。

为了便于分析,我们假定双方的战斗力一样,但是性格有差别,而我们借用一个结论——性格决定命运,但这不代表我们相信这一说法。并且为了方便说明问题,我们将斗鸡们的性格模式简化为两种:凶猛和温和,这种简化不会影响后面的分析。

相比之前的一个支付表格,这时就要区分几种不同的情况了,按照(叨叨,啄啄)的顺序:

完全信息时的:

(进,进) $-2,-2$	(进,退) $1,-1$
(退,进) $-1,1$	(退,退) $-1,-1$

双方都很凶猛时的:

(进,进)	(进,退)
-2,-2	1.5,-1.5
(退,进)	(退,退)
-1.5,1.5	-1,-1

叨叨凶猛,啄啄温和时:

(进,进)	(进,退)
-2,-2	1.5,0
(退,进)	(退,退)
-1.5,1	-1,1

相反,叨叨温和,啄啄凶猛时:

(进,进)	(进,退)
-2,-2	1,-1.5
(退,进)	(退,退)
0,1.5	1,-1

最后还可能是双方都温和:

(进,进)	(进,退)
-2,-2	1,0
(退,进)	(退,退)
0,1	0,0

这一系列支付的改变显然来自双方各自不同的性格,至于它们所得的支付不妨理解为满足感。因为双方的战斗力一样,因而

当双方都选择前进的时候,所受损失与完全信息是一样的。

在双方都凶猛时,我们加大了一进一退时的支付值,这是为了体现出它们在性格上的需要。

在一方凶猛一方温和的情况下,凶猛方前进温和方后退时,凶猛方获得更多的满足,但温和方不再是等量的损失,而是认可了凶猛方的前进,因而支付不是(-1.5),而是0;凶猛方后退温和方前进时,凶猛方损失与前进时正好相反为(-1.5),但是温和方前进并不带来额外的性格上的满足,而是维持原来的感觉1;双方都后退时,温和方却会获得额外的满足。

双方都温和时,后退都不会带来不快。

因为现实中经常会遇到类似斗鸡博弈的实例,比如一条狭小的巷子里迎面开来两辆互不相让的汽车,或者有两位购物狂同时看上了最后一件都中意的商品等等,所以上面的结果比较好理解。

问题是叨叨和啄啄如何知道对方的性格是凶猛的还是温和的呢?此时,对方的性格特征决定着博弈的结果,但是对于两个参与者来说,这一点却是无法确定的,因而斗鸡模型转变为不完全信息博弈。

当我们通过性格的细化将双方加以区分并展开分析时,无论是叨叨还是啄啄都无法仅仅通过支付表而获得完全的信息,这时叨叨和啄啄都会有种奇怪的感觉,它面对的似乎不是一个敌人,而是两个,而自己需要选定一个对手并决定自己的策略。此时的模型对于任何一方来说,信息都是不确定的,即不完全的。

在海萨尼找到方法之前,大家的确不知道如何处理这一局面。海萨尼找到一个"自然"(Nature),"自然"不是大自然,但似乎并非完全不是。

作为参与者的叨叨和啄啄虽然知道自己的性格是凶猛还是温和，但是它不知道对方的性格，所以它无法知道哪一个支付表格适合自己当前的状况，这就像所罗门没找到可以甄别真假母亲的办法时一样，我们也无法定义如何博弈。但是当所罗门找到办法时，问题自然就解决了。

我们在叨叨和啄啄之间加上一个博弈的参与者——"自然"，并且博弈总是由"自然"先开始，它做什么呢？它来选择叨叨和啄啄的性格，经过"自然"的选择，叨叨和啄啄就相应地按照上面四个性格组合之一确定博弈的规则，即明确依照哪个支付表格来博弈。

首先，叨叨和啄啄不知道"自然"会如何选择对方的性格，这与不完全信息的前提是一样的，同时因为它们知道自己的性格，所以也知道"自然"会如何选择自己的性格。并且现在的博弈首先由"自然"开始，经过选择后的四种支付都是双方的共同知识，此时博弈转化成了一个完全信息的博弈，当然此时的信息不够完美。

"不完美信息"指的是，"自然"做出了它的选择，但其他参与人并不知道它的具体选择是什么，仅知道各种选择的概率分布。

如果我们将叨叨和啄啄的条件稍加修改，结果就会显得更清晰了。如果叨叨一方其实不是一只斗鸡，而是一只母鸡妈妈带着几只小鸡宝宝，而啄啄是只大公鸡。这时的力量对比很明显，并且因为母鸡妈妈的温柔和小鸡宝宝的柔弱，叨叨一方很明显是"温和"的一方，此时啄啄是"凶猛"还是"温和"看上去有了另一个更好理解的判断依据，如果啄啄是只有绅士风度的公鸡，那么它理所应当地后退，反之，如果它是没修养的公鸡，叨叨一方只好退却，现实中这样事情何其多哉！而啄啄是否具有绅士风度当然是"自然"决定的,而不可能是在独木桥上临时形成的。母鸡妈妈需要判断的就是对面的啄啄是否像是它曾经遇到的绅士,或者很像之前遇到的不讲理的"彪形大鸡",据此叮叮做出策略选择。

因为"自然"是一个虚拟的参与者,因而它不考虑支付,所以对叮叮或啄啄来说,"自然"将如何选择对方的性格只能由自己做一个判断,这个判断的依据就是海萨尼的论文名称中提到的贝叶斯,学过概率统计的人都知道贝叶斯分布,因而叮叮和啄啄就是海萨尼所说的贝叶斯参与者。关于不完全信息静态博弈的基本研究方法"贝叶斯博弈"(Bayesian Game)正是来自"海萨尼转换"(Harsanyi Transformation)。

由于海萨尼的这篇论文,博弈理论终于可以用来分析不完全信息博弈了,这一里程碑式的成就也给海萨尼带来了诺贝尔经济学奖的殊荣。

每一个人或物的特性都是自然形成的,叮叮和啄啄是凶猛的还是温和的,不论是来自先天遗传基因还是后天环境塑造,都可以作为一种自然选择的结果,这里的自然不是虚拟的,是真实的自然。由此,海萨尼的"自然"不妨被理解为人格化的自然,就像上帝一样,在这里"自然"的确有点像上帝,不知道"上帝"是否也是这样被人类"发现"的。

其实,刚刚说过的所罗门就有点类似海萨尼转换中的"自然",不过也有区别,在我们要研究的不完全信息静态博弈中,博弈规则是已经构造完成的,我们要通过虚拟的"自然"做一次海萨尼转换,以便利用这些规则来分析可能出现的种种结果,并研究结果的均衡解。而在机制设计中,博弈规则还不存在,需要设计出来。

3 选择：贝叶斯模型

与斗鸡博弈很类似的一个模型是争夺博弈。

现有 100 元钱，倪震和武强要决定是否去争夺，他们的策略有"抢"与"不抢"两个。规则是，如果两人都去抢，则各罚 100 元；如果一人去抢另一人不抢，100 元归抢的人；如果两人都不去抢，什么都不得当然也不罚了。支付表按（倪震，武强）的顺序：

（抢,抢） -100,-100	（抢,不抢） 100,0
（不抢,抢） 0,100	（不抢,不抢） 0,0

大家很容易知道这一博弈的解的情况了，两个纯策略纳什均衡（抢，不抢）和（不抢，抢），还有一个混合策略纳什均衡 $\left(\left(\frac{1}{2}, \frac{1}{2}\right), \left(\frac{1}{2}, \frac{1}{2}\right)\right)$。但是到底如何处理呢？没有额外的条件我们知道没办法获得结果（扩展后的解）。

根据海萨尼转换，我们利用"自然"对双方做出一个选择，倪震和武强的类型我们通过一个数值 a 来体现，倪震的是 a_n，武强的是 a_w。

(抢,抢) −100,−100	(抢,不抢) $100+a_n, 0$
(不抢,抢) $0, 100+a_w$	(不抢,不抢) 0,0

两者对比，无论是对倪震还是武强，当自己的 a 大于零的时候要"抢"，小于零的时候"不抢"，因为 a 大于零意味着支付对自己的价值要大于实际的 100 元，而小于零表示支付对自己的价值要小于实际"抢"来的 100 元。

此时，如果 $a_n>0$，倪震选择"抢"，$a_n \leqslant 0$，倪震选择"不抢"；如果 $a_w>0$，武强选择"抢"，$a_w \leqslant 0$，武强选择"不抢"。如何理解这里出现的 a_n 和 a_w 呢？我们可以把它们看作是倪震或武强对于这笔钱的急需程度，急用的情况 $a>0$，不急用的情况 $a \leqslant 0$。其实 $a=0$ 就是原博弈，我们将它归入不急用钱的情况。

因为是否急用钱对于博弈的双方来说自己是知道的，但对方不知道，他们是否"急需"这一"类型"由"自然"来决定，而倪震判断武强或者武强判断倪震是否急需的概率为 1/2，这样一来"争夺博弈"就转变成了贝叶斯博弈。这说明之前混合策略中的概率与贝叶斯博弈中概率的意义是一致的。

我们再来继续之前的另一个案例——连锁店博弈。当时提出连锁店悖论一方面为了探讨逆向归纳法的局限性，另一方面转化为重复博弈模型。现在我们将模型扩展一步，令连锁店模型的参与者更加接近现实。

美味公司是一家打算经营蛋糕的小公司，当它调查市场时发现几乎人人都知道买蛋糕去日盛,它还能否鼓足勇气杀入市场呢?在"连锁"一节中不是已经讨论过这个问题了吗?不过那是从日盛的角度来分析的,现在我们再从美味公司的角度出发。另外还有一个较大的不同点,那时双方都能看到对方的损益状况,而实际上想做到这一点却不容易,如何表示这种不完全的信息状况呢?

一个企业只要运营就必然会产生成本,我们就以成本的高低作为企业的两种"性格"。我们首先选取美味公司的视角。美味公司知道如果自己选择进入"市场",那么它将面对日盛的"阻击"或者"容忍"。

在这个博弈过程中,日盛和美味对于双方的损益信息是不同的。因为日盛蛋糕房一直经营蛋糕市场的业务,所以它基本能估计出美味公司的成本状况;但是美味公司却不知道日盛蛋糕房的成本是高是低,它就要考虑两种情况,以(美味,日盛)的顺序。

日盛是高成本的情况:

(进,阻)	(进,忍)
−100,300	100,400
(退,阻)	(退,忍)
0,600	0,600

日盛是低成本的情况:

(进,阻)	(进,忍)
−100,600	50,500
(退,阻)	(退,忍)
0,800	0,800

可以看出，如果日盛属于高成本的情况，日盛的最佳选择是"容忍"，此时美味的最优选择是"进入"市场；如果日盛属于低成本的情况，日盛选择"阻击"，美味只好选择"撤退"了。因而，当美味判断日盛为高成本时，选择"进入"；判断日盛为低成本时，选择"退出"。

这两种选择也可以这样理解。高成本意味着这一行业的门槛较高，那么新来的美味公司既然要进入这一行业，一种可能是实力较强，此时日盛没必要与它争执，这反而影响了自己的利润；一种可能是这一行业的利润空间相对稳定，受到挤压的可能性不大，即市场的竞争程度属于良性，多来一个对手，利润起伏较小，因而没必要极力阻击。而低成本时恰恰相反，门槛低不说，利润还很高，我们不妨想象为暴利行业，这样的状况下，日盛当然不会让美味轻而易举地进入市场毫无风险地分走自己的利益，虽然从表格中可以看出可能此时的支付50还要小于高成本时的100。有一个疑问，为什么解释为低成本高利润的情况下，日盛容忍了美味的进入策略，两家的支付都要下滑？可以理解为，竞争导致垄断或超额利润的下降。

分析了这两种情况后，我们发现按照之前完全信息博弈的处理办法我们只能到此为止了，因为我们不知道日盛到底是属于高成本的情况还是低成本的情况。显然此时需要利用"海萨尼转换"来帮助我们，而神秘的日盛蛋糕房到底属于何种类型的企业就交给"自然"来处理吧！

"自然"是以概率的形式来揭开日盛的神秘面纱的，爱因斯坦说"上帝不掷骰子"，"自然"却喜欢不确定。

我们做一个简单的概率计算,不熟悉这部分计算内容的读者们可以跳过,美味公司假设日盛蛋糕房是高成本企业的概率为 p,是低成本企业的概率是(1－p)。上面已经有了一个结果:"日盛高成本的情况,日盛选择容忍;日盛低成本的情况,日盛选择阻击",所以在这一概率分布下,美味选择进入市场的期望支付是:p×100＋(1－p)×(－100);选择退出的期望支付是 0。

根据美味在进入和退出两种策略下的期望值相等作为选择策略的分界线,可以得到:

$$p \times 100 + (1-p) \times (-100) = 0$$

计算得:p＝0.5。

再依据上面分析的一个结论:"美味判断日盛为高成本时,选择进入;判断日盛为低成本时,选择退出",那么,当 p＞0.5 时,美味公司将选择进入市场,而当 p＜0.5 时,美味公司选择退出。当 p＝0.5 时,进入退出没有区别,我们抱着多一事不如少一事的态度,或者考虑可能产生的若干机会成本,此时美味选择退出。美味公司最后的结论是:p＞0.5,进入市场;p≤0.5,退出市场。

我们通过海萨尼转换将一个不完全信息静态博弈转换为一个完全但不完美信息的动态博弈,并利用概率分布加以解决,因而不完全信息静态博弈又称为静态贝叶斯博弈。

可是叨叨和啄啄的性格到底是 0.3、0.4,还是 0.7、0.8 的"凶猛"或者"温和"呢? 日盛到底是 0.3、0.4,还是 0.7、0.8 的要"阻击"或者"容忍"呢? 这个 p 到底是多少? 很明显这已经不是博弈论要解决的了。性格不妨借助社会学、心理学,成本也许要查查经济统计数据,总之,博弈论在这里要解决的是你判断出了对手的类型后要如何选择自己的策略。

正如"争夺博弈"中的倪震和武强,他们是否会因为同时"急需"那100元钱而同时选择了"抢"的策略,结果却什么都得不到,反而被罚100元呢?当然是会出现的,就好像如果是他们都"不急需"的情况,完全可能出现(不抢,不抢)的策略组合。

总结一下贝叶斯博弈的几个要素:一、参与者;二、参与者的类型;三、参与者关于其他参与者类型的推断;四、依存于类型的策略;五、依存于类型的支付。贝叶斯博弈的博弈过程要依据海萨尼转换:一、"自然"选择参与者类型,参与者知道"自然"选择自己的类型,但不知道"自然"选择其他参与者的类型,但他对其他参与者有一个类型推断的概率分布;二、参与者从策略中选取各自的策略并同时行动;三、参与者得到各自的支付。

上面选取了美味公司的视角看待日盛的不确定性,现在再选取日盛的视角。日盛关注的不再是美味的成本问题,而是双方的态度。继续使用叨叨和啄啄的"凶猛"与"温和"的性格来描述参与者有点不太合适,因为这时不是两个企业的性格而是它们的态度,我们改为"强硬"和"友善"。

对于美味公司来讲,"强硬"的态度是指无论日盛会对自己的采取何种行动,都会坚决地杀入市场;"友善"的态度则是指其余的所有情况,具体包括:如果不进入,收益为零;如果进入且遇到日盛的阻击,则受到损失;如果进入而没遇到日盛的阻击,则获得利润。

同上一节中美味公司所面对的对手似乎是一个高成本一个低

成本一样,此刻日盛蛋糕房所面对的美味公司似乎也成了两个,一个是强硬的,一个是友善的。日盛当然也可以是"强硬"的参与者,只要美味公司敢进入市场它就坚决地阻击。但其实无论日盛是"强硬"还是"友善",它都会遇到"连锁店悖论"的问题。

在雇佣模型中我们提到了"声誉"是一个很好地保证博弈的因素,同样还在小洗衣机模型中提到了"要挟",那么在这里日盛同样可以利用这两点,为了保证自己的市场,它当然可以考虑制造一个"强硬"的"声誉"。具体办法是通过一定的阻击行为为后来者作出一个可信的"承诺",以此"要挟"后来者,如果谁敢选择进入市场,就势必令尔等灰头土脸,败下阵去。

如果日盛是"友善"的,它也知道美味是害怕它的"强硬"的,但是当它以某种概率意识到美味是"强硬"的时候,可能会更倾向于"容忍"美味而不是"阻击",这正是"友善"的含义。

现实中我们知道,一个企业面对竞争者的态度不是一成不变的,有时甚至是180°大转弯。日盛的态度理所应当受到美味的态度的影响,但是这里的美味公司只是在单一市场向连锁企业——日盛挑战,所以日盛"阻击"或"容忍"的决策不会等到美味的行动之后。

这里所要利用的正是海萨尼的"自然",日盛的决策来源于对美味的态度分析,美味的"强硬"和"友善"是按照什么概率分布的。其实双方的态度此时还都是各自的私人信息,只有"自然"知道,而对方只能设定一个概率范围对应自己的行动策略。

通过连锁店模型的进一步延伸,我们对于贝叶斯博弈有了更多的理解,为了避免大家过早地离开,这里不做数学上的讲解,而且过于数学化也不是作为严肃的普及读物的目的。

　　说人们找到了解决贝叶斯博弈的办法的意思是,经过海萨尼转换后参与者对自己所处的不确定性环境有了更清晰的认识,其方法是用贝叶斯概率分布加以描述,而不是也不能消除这种不确定性。

4　争夺：肯德基的优惠券

市场就像一块大蛋糕，而且如果不及早"抢到手"，这个市场还会萎缩，就像冰激凌蛋糕在不断融化，过了保质期还必须扔掉，也像贬值的货币，购买力不断下降，经济危机中可能成为一张毫无价值的废纸，至少现在拿它生炉子的几乎也不太多了。

面对这样的一块"得天独厚"的蛋糕，要不要先下手？万一双方都这样想，虽然蛋糕不再会因融化而损失，也不会因过期而发霉，却会"吧唧"掉在地上，此时的情况更像一种流行的扑克牌打法——干瞪眼。

2010年春节后不久，虎年伊始，2月底到3月底，在北京（其他地区也同步进行）发生了一件奇怪的事。某日，罗代拿着一张肯德基的鸡翅优惠券走进了麦当劳，并出示给收银员，结果不但获得了麦当劳自家的优惠，还在此基础上又给打了九折。罗代当时心中窃喜，觉得自己赚了大便宜，要知道等他拿到令人垂涎欲滴的食品时才发现自己进的是麦当劳，而且还发现手里的优惠券原来已经过期。他在肯德基碰到过一律拒收过期优惠券的事，现在，罗代才发现麦当劳的"券券通吃"的活动简直太人性化了，根本不在乎是否过期，更不在乎优惠券是谁家发的，就冲着同行们的"面子"也要给顾客一个大大的惊喜，而且非常符合当前中国发展低碳经济的宗旨。

真是先下手为强啊！争夺得很激烈,不过也许仅仅是单方面的优惠促销,很小的一个战术性行为；又或者仅仅是因为想给大家优惠又懒得派发优惠券,直接利用一下大家的共有资源,反正优惠券也不收,只是看一下,还能再拿着回去用,或者反复用,总之,就是要让大家享受到一些优惠,这有什么错吗？毕竟,现在说它们是争夺博弈中的倪震、武强或者又冒出来一个倪强都还为时过早。也许它们还在那个可以决定是否要大打出手的 a 上犹豫不决。

不过在 20 世纪末,中国的彩电市场上可就不是这么温和了。那时发生在中国电视机市场的大战,简直可以用鬼哭狼嚎来形容,所涉及的参战方几乎遍布所有的厂商。由倪润峰领导的长虹一波波地将价格战进行到底,被迫应战的各厂家最终将国产电视的利润几乎减少到零,以至于当时的洋品牌在国内市场销声匿迹。中国家庭得益于此,迅速将电视从黑白升级到了彩色时代。不过,随后的发展有目共睹,数年之后,当电视机再次升级时,液晶屏的、等离子的,还有很多不知道什么意思的电视纷纷亮相各大商场,洋品牌再次卷土重来,大举占领市场,利润滚滚而去。直到如今,在电视机市场国产品牌再没当年的风光场面了。

无独有偶,2010 年 3 月 10 日,网上在线酒店预订的巨头之一——携程网推出"双重低价保证、三倍赔付承诺",即在网络预订条件下,携程保证境内酒店价格市场最低,否则赔付三倍现金差价。而早在 10 年前的 2000 年,携程就已经推出了"酒店低价承诺",消费者如果发现酒店前台现付价（不包含团体或会员优惠一类特殊价位）低于携程价,携程将赔付差价的三倍。如今携程进一步将低价承诺从前台现付价延伸至网络预订价。按照承诺,消费者通过网上预订中国境内酒店,携程保证价格最低,如客人发现携程网上价高于其他网上价,携程将对入住客人赔付三倍差价。

这一消息无疑会令热爱旅游的朋友大大兴奋一下,不过还有更令人想不到的。

仅仅时隔六日,在线酒店预订的另一巨头——艺龙公开表示,只要艺龙的报价高于携程,将主动按照三倍差价的原则进行现金返还。艺龙宣布今后每周将主动排查并公布价格高于携程网的酒店名单和差价,并对网上成功预订并入住这些酒店的消费者,主动按照三倍差价的原则进行现金返还。

同时,艺龙对于携程承诺的具体操作亦有自己的看法,据悉,携程实施赔付是这样操作的,消费者如果发现其他网站的价格低于携程网,必须在其他网上成功预订并在携程网上提交证据,并同时在携程网上成功预订,然后携程赔付三倍差价。如果真是如此,这一举动更像是宣传自己的低价,而不像是做好了真的要赔付消费者的准备。正是面对这样的情况,艺龙的负责人说:"艺龙网支持对消费者的低价承诺,但不认同这种把麻烦留给消费者、把混乱带给酒店的做法。"而艺龙只要求消费者在其网上成功预订,如果发现更低价,不需要做任何其他事情,艺龙就会进行三倍差价的现金返还。

至此,这一旨在以"低价"控制在线酒店终端资源,并借此形成垄断的价格大战正式打响了。

不过,先别着急看热闹,事情还没完。在伦敦上市的易网通麾下游易网在3月17日也宣布一项更狠的"狠招",它将以返还佣金方式保证酒店最低价。

游易网人员表示:"携程和艺龙都发布了如此的低价预订保证,我们不能不发出一点声音了。"

与携程和艺龙的三倍差价赔付或现金返还不同,游易网的做法是将自己从酒店那儿得来的佣金送给消费者。如果你通过游易网预订的房间是每天200元的价格,而游易网可得到10%,即20元的佣金,那么当你入住后,游易网会将自己的20元佣金返还给你,你实际承担的价格是每天180元。做个类比,这相当于,菜市场的批发商直接按照批发价零售给顾客,真的是要"不赚钱,就赚个吆喝"了。

虽然理性可能导致某种"困境",但是这种非理性的竞争显然也没逃脱"困境"的命运。这种竞争方式当然不是长久之计,几家在宣布了这样的承诺后,大概都要尴尬地面对一阵儿"三倍返还""佣金让利"的事情了。不过,找个时间大家坐下来先弄个统一价,稳住形势,也不妨看作是个缓兵之计。

为了保护自身的长期利益,共同维护一个行业的利益,不在乎一城一池的得失,可能才是其中的各个企业最佳的博弈之计,就像可口可乐和百事可乐,耐克和阿迪达斯等等。当然对于消费者来说可能并非如此,激烈的价格战得到实惠的是消费者。但是"价格战"是把双刃剑,如果因此导致行业瘫痪,也不是什么好事。看来事情没这么简单,确定某种有效的机制也许才是正路。

而如今的网络世界每天都在上演着各种类型的博弈大战,令之前的传统行业再也无法挤进人们关注的视界。

5 机制：规则设计

在所罗门遇到的难题中，我们已经提到过，所罗门并不是博弈的利益获取方，而是为真假母亲设计博弈规则的人，他的权威在于保证他设计的博弈能够得到实施，而他的目的是要得到一个接近真实的结果。

设计这样的博弈规则我们也称为机制设计，无论是政治、经济还是日常生活中，我们遇到大量运行的机制，并在设计好的机制下博弈自己的生活和人生。

说到机制设计有很多，比如价格运行机制、金融机制等等。2010年3月，有新闻称广东、浙江等沿海地区正设想将个别无人居住的小岛屿以拍卖的形式转移这些岛屿的使用开发权。

曾几何时，"拍卖"这玩意让中国人觉得非常新鲜，毕竟在温饱线徘徊的人们还没有闲心关注古玩字画，也不知道原来拣点"破碗烂罐"也能成为收藏家，当然更不明白为什么许多人会围着一个东西不停地加价，这在传统的买卖市场上当然是没有的。

拍卖这种商品销售形式之所以存在，是因为同一个商品对不同的购买者来说具有不同的价值，也可以说适合拍卖的物品本身的价格很难确定，它们不像白菜、萝卜那么好定价，也不像油盐酱醋那样必须有定价。拍卖的物品没有固定的价格。

如今最热门的网络交易平台淘宝、京东,曾经的易趣,都支持商品各种形式的拍卖,这样既可以吸引眼球,也可以作为一种经营方式。拍卖的方式就是一种机制设计。

在所罗门的机制设计中,所罗门称为委托人,而真假母亲称为代理人,这是一个"委托—代理"模型。在信息经济学中,将不拥有私人信息的参与者称为委托人,拥有私人信息的参与者称为代理人。所罗门困境中,所罗门本人不是参与者,但在现实中,大量设定游戏规则的人,即机制设计者,同时也是参与者,此刻委托人就是其中一方代理人,那么结果可想而知。显然他们不是所罗门,而是发现"孩子"很可爱也参与争夺"孩子"的新式"所罗门"。这在大量的国际商业领域可以见到。

如今,想要在某个行业获得最大的利益并且始终控制行业发展局面的最佳方式就是制订行业的规则,也就是拿出一套行业发展的运行机制。各行业层出不穷的行业标准,总是有一些实力强大的企业、组织来参与设计,那么对于标准的制定者来说,自己的产品理所当然在标准之内。试图通过第三方独立机构制定行业标准的想法不太实际,因为这些实力强大的企业本身代表着行业的最高发展,无论是技术还是管理等软、硬件方面都是其他机构无法替代的。游戏规则总是强者说了算。

机制需要制度来保证,因而当某种规则被证明是能够保证各方的利益时,可以通过规范为制度的形式加以"固化",实际上,一套好的运行机制得到制度的保证是有利于事业发展的,无论这一事业是公共的还是私人的。

国家通过政策、制度来规范全社会各方面的运行机制,确保按照国家认可的方式运行。一个小企业内部也一样要通过公司内部的各项规章制度来保证企业的正常运转,并为实现自身的目标服务。

机制本身的复杂与否是与要处理的问题直接相关的,但是针对同一问题却可以出现不同的机制,正如我们在解决所罗门困境时看到的。机制之间的优劣是根据实施的效果以及运行过程中的效率来衡量的。

近年来,中国房地产市场的表现依然是令人瞠目结舌,于是就有了这样的疑问,中国房地产市场发展的机制该当如何呢?显然,至今的各式"良方"均未见效,有效的机制尚未出现。但相信大家会发现,一个稳定的利益分配方式很快就会被找到。那时的房价未必会更便宜,但一定是平稳的,一个成熟的机制只能出现在一个成熟的市场环境下。而到了2017年,似乎有了一些市场平稳的苗头。

有时还会出现同一个机制适用于不同问题的情况,商业上的盈利模式就是最好的例子。并不是一个行业一种盈利模式,很多行业的运行机制基本一样,只是经营的内容不同而已。

回到不完全信息的讨论上来,从博弈论的角度来看,机制是应对信息不完全的一个办法,是用以保证在信息不完全的时候仍能控制结果的办法,就像所罗门不知道事实的真相,却能得到事实的真相一样。

第五章
不易：不完全信息动态博弈

> 你，读者啊，你和我一样，
> 生命，自尊和爱在胸中搏动，
> 因此，下面的歌是献给你的。
> ——惠特曼

1 颤抖手的抖动

2008年8月第29届奥运会在北京结束后,首届世界智力运动会也于10月3日在北京开战。这次比拼智力的盛会包括围棋、象棋、国际象棋、桥牌、国际跳棋五个大项,围棋自然是中、日、韩三国角逐,中国象棋基本相当于中国智力运动会,国际跳棋在中国的普及还有待借助这次智运会的举办,国际象棋和桥牌成了世界好手争夺最激烈的项目。

其中中国桥牌女队进入了最后的决赛,与英国队争夺冠军。最后一天的比赛可以作为我们分析的极好案例。

由于之前的比赛中国队以100多分的大比分落后英国队,因而最后一天的比赛格外令中国桥牌迷们揪心。虽然可以预料不会出现相互胶着的激烈拼杀,但是也能想象其间的紧张期待,而实际上这场比赛却格外令人惊心动魄,精彩程度甚至远超过分数相当时你来我往的争执。

因为当天参赛的选手无法现场知道各自的比赛成绩,也就是说她们无法依据比赛的进展随时调整自己的策略,事实上也的确如此,中英两队在最后一天的比赛中的策略明显是之前已经制订好的,并且一定要求队员严格遵守,不能心血来潮改变策略。

在最后一天比赛之前,双方的信息是共同知识,这是一个完全信息静态博弈。面对落后的局面，中国队只有一条路——置之死地而后生，实际比赛中正是如此。英国队因为几乎已经提前拿到了金牌，她们的策略是完全防守，不做任何进攻的打算，在实际比赛中也是这样，宁可放弃到手的赢牌机会，也要坚决不坐庄。当然，策略正好相反的中国队要抓住任何一个可以坐庄的机会，甚至可以说不是抓住机会，而是一定要坐庄，结果出现了多次超常发挥的局面。

双方的策略都没有问题，双方的队员在现场的表现也完全遵守了策略，没有任何违背，但是感到惊心动魄的不仅是中国桥牌迷，而是全世界的爱好者，因为中国队一路狂追，竟然让100多分的差距慢慢缩减，缩减，就要追上了……

因为观看直播的桥牌迷们是可以看到每局的分数变化的，正因为这样，随后的每一局都令旁观者有种心惊肉跳的激动。

先离开赛局一会儿，关注一下桥牌本身。会打牌的人很多，大家都知道一个最基本的条件，就是玩牌的各方只能看到自己的牌，不能看到别人的牌，这很明显是个不完全信息的博弈，而且随着每一轮的出牌都会引起后面的变化，这又是一个动态的博弈。单靠海萨尼转换和贝叶斯分布是无法理清此时的复杂局面的。因为不仅出牌人的类型不同，每个人手上的牌也是千变万化，当然这些都可以看作是"自然"的选择。

在各种扑克牌的玩法当中，桥牌是最富有魅力和技巧的打法，其实这里的打法就是游戏规则，也就是博弈规则。桥牌的规则尽量消除打牌的运气，而突出打牌的技术，换句话说，其他打法可能会因为运气好而赢牌，反之，技术好的因为运气不好也赢不了牌。

但是桥牌却能令拿到不好的牌的一方也能通过出色的技术而赢牌，拿到好牌的一方也会因为技不如人而落败，这是桥牌最考验人也最吸引人的地方。

桥牌的规则与其他打法最大的区别在于开始出牌之前有一个"叫牌"。这个"叫牌"的过程实际上是一个传递信号的过程。桥牌必须由两对桥牌手组成，每一对构成博弈的一方。首先叫牌的一方向自己的同伴发出信号，这个信号是关于自己手里拿到的牌的信息。同伴接收信号的同时，对手也能接收到这一信号，很明显，四个人的每次叫牌都是信息传递。叫牌的过程就是在说明牌的类型分布，因而，叫牌的水平高低在于能否将自己手中牌的类型准确地传达给对方，同时搅乱对手的信息传递，最高境界当然是同时不让对手得到自己的准确信息。

通过叫牌后，每个牌手都对整副牌的分布有一个初步认识。叫牌在其他三人都通过后，成为定约，这实际上就是四人的一个协议，即完成多少赢牌任务的约定，最后定约的人就是这一局的庄家。庄家完成或超额完成任务，获得赢分，反之没有完成自己的定约就要输分。随着出牌的进行，庄家和两个对手都在不断地调整自己对整副牌的分布的判断，也就是说，不断地在进行各种可能性分析。

在桥牌中，不仅有牌的类型分布，还有人的类型。每一个牌手的类型都不相同，因而，相互配合的搭档之间要对同伴的类型有充分的理解，否则在应对各种牌型的时候，会很难判断同伴的叫牌是什么意思。比如爱争抢的莽撞型（这类性格的人能否打好桥牌待定）、爱坐庄的进攻型、爱反击的防守型，还有冷静型、兴奋型、犀利型等等,不同类型的牌手虽然可能传递出相同的信号,但是这些信号的含义显然是有区别的。

我们可以看到,在信息不完全的时候,只有通过某种方式传递彼此的信息,博弈才能进行下去。在不完全信息动态博弈中,桥牌是一种通过发送和接收信号展开的博弈,称之为"信号博弈"。

在我们进入其他案例之前,先交代一下中英两国最后的比赛情况。非常遗憾的是,虽有不断爆出的精彩表现,但最终,中国队还是以一分之差屈居亚军。当然在这种状态之下,中国队的队员能够基本稳定地完成既定策略,说明心理素质是非常不错的,但也难免会出现小的失误,其间的确有机会扳回局面。而英国队的保守打法也险些害了自己,因为如果不完全放弃进攻的话,有些分还是比较容易得到的。话说回来,策略是之前严格制订好的,队员按照策略行事并没错。

失误总是难免的,就像我们拿杯子的手,难免会因为颤抖而溅出水滴。

还记得那条"蜈蚣"吗?就是用来说明逆向归纳法带有某种欠缺,以至于引起诸如连锁店悖论、蜈蚣悖论的问题。

当时是日盛和日昌公司相互竞争的场面,而在"蜈蚣的尾部"双方可以得到最大的支付,而相反在"蜈蚣的头上"只能得到最小的收获,但可惜的是,按照逆向归纳法,竟然会合理地推导出它们会停留在最初。这会不会说明逆向归纳法从此无效呢?

日盛之所以不敢选择继续博弈的理由在于,在下一阶段自己的利益减少时被日昌终止了博弈,并且日盛担心自己希望将博弈继续下去以便双方都能得到更多利益的心思不被日昌理解,反而错把自己当成了"不正常"。在讨论蜈蚣博弈模型时,我们是这样描述日昌对日盛的看法的:"日昌对日盛的判断会有两种可能,一种是日盛不是理性参与者,另一种是日盛想让自己把它当成一个非理性者,以便促使自己继续博弈下去,那么日昌选择继续博弈的理由也同样会给日盛这样的迷惑。"

因为理性是对博弈方的基本假设,那么这时候我们不能期盼着日盛和日昌之间彼此猜测对方的好意。虽然现实中有些人会做出这样善意的猜测,但是失败却不会因此远离善意的一方,否则孔子的理想社会早已实现。善良的一方就能在博弈中获胜吗?显然不是,善恶与成败并不直接相关。何况我们太难定义主观的善恶,而相比之下博弈要客观得多,当然现实中根本没有纯粹理性的人,因为那相当于说这个"人"没有丝毫的感情。

考虑一点微弱的"人情",何况"人非圣贤孰能无过"?当一方参与者发现博弈偏离了应有的均衡,比如蜈蚣博弈中,日昌发现首先决策的日盛没有按照逆向归纳法预示的那样选择"终止博弈",日盛偏离了它应该做的,反而选择了"继续博弈",那么此时它的判断就不是上述的两种可能了,而是把结果看作其他参与者"非故意的错误"。

这个不是故意犯的"错误"就是常人都会犯的错误,就像"拿杯子的手,难免会因为颤抖而溅出水滴",1975 年泽尔腾就是这样把"颤抖"引入了博弈论,经过"颤抖手"的精炼,一个均衡可以在一定的范围内有所"抖动",只要别太过分,大家总还是可以接受的,这就是用于解决不完全信息动态博弈的一个办法——泽尔腾的"颤抖手精炼均衡"(trembling-hand perfect equilibrium)。

2　情感

的确，我们都是凡人，犯错是难免的，并且有这样那样的毛病也是难免的。周国平在随感录《人与永恒》里说，人所具有的我都具有，包括弱点。这实际上是说，我不过是一个凡人，并不能像圣贤，更不能像神仙一样完美无缺。但是人们至少都希望自己能成为一个别人乐于接受的人。

许多时候，一个"坏人"并不是因为他自己想成为一个坏人，而是他没有得到可以让他成为"好人"的机会。孩子需要鼓励，其实大人也一样，当他的某些不足被不断地指责时，也许他没想到要去改变，而是公开自己的缺点，这有点像"破罐子破摔"要说的意思。其实当他得到大家的鼓励而不是谴责的时候，改正缺点是件更容易的事。就像我们下面要说的囚徒困境似的。

1981年阿克塞尔罗德设计的计算机联赛，淘出了拉波波特的"针锋相对"策略，并且可以视为解决"无限重复囚徒困境博弈"的现实方案。不过，这个试验能否有所突破，使其进入有限次的情况呢？就是说能不能有更加严谨的一个办法令有限重复囚徒困境得到合作解决，而不是相互背叛呢？

这个"困境"在1982年被一个"四人组合"给解开了。

此"四人组合"指的是科瑞普斯（Kreps）、米尔格若姆

(Milgrom)、罗伯茨(Roberts)和威尔森(Wilsom),他们四人建立一个"声誉模型"(reputation model)来解决这一"困境"。它也被直接称为 KMRW 模型。

这个模型是将不完全信息引入了有限重复囚徒困境(因为不会与之前的混淆,下面仍简称为囚徒困境)。之前我们说两名嫌犯都是理性的,并且这一点是共同知识,因而他们很容易找到自己的占优策略,那就是背叛对方,选择"坦白"。现在 KMRW 引入不完全信息的意思是,两名嫌犯真的都是理性的吗? 他们是否对另一方的情况知道得一清二楚呢?

先说明一个问题,博弈方是理性的参与者,博弈信息是博弈方的共同知识,这不是一开始就强调的前提吗? 为什么现在这两个条件都要取消了呢? 研究问题要从浅入深,理论假设要逐渐接近现实。最重要的一点,我们现在研究问题的思考是相当理性的,即便我们已经开始往理性的参与者身上添加感情色彩,并且不断地减少参与者可能被怀疑像神仙一样知道了太多的信息。

继续来看 KMRW 模型。

如果双方并不都是完全理性的人,并且彼此不知道对方是否完全理性,那么此时 KMRW 模型就是一个不完全信息动态博弈模型。

"自然"当然要出场选择双方的"类型",这时的类型指的是"完全理性"的,还是"非完全理性"的。此刻,"完全理性"的一方意味着他会在最后一次博弈时选择"坦白"而背叛对方,但之前各阶段的策略要根据对方的反应(即对方的"类型")做出选择;而"非完全理性"意味着博弈方不仅依据对方的"类型",而且依据自己的"类型"选择策略。依据对方的"类型"选择策略我们容易理解，但什么是依据自己的"类型"选择策略？假如这个参与者是"非完全理性"的，并且他是"合作型"的，那么他会首先选择"合作"，并且在对方选择"合作"后继续选择"合作"，即便对方曾经"背叛"过自己——这种"类型"大家很熟悉，对，就是拉波波特的"针锋相对"策略。如果他是"非合作型"，那么就可能选择"冷酷策略"或者"投机策略"。

事实上，在介绍阿克塞尔罗德的计算机联赛时，分析的多种结果中只有"完全背叛"这种策略符合我们说的完全理性的参与者要求。其他的策略多少都带有感情色彩，包括所谓的"冷酷策略"，它在一开始总是选择"合作"的策略。

因为纳什均衡的存在，我们毋宁说完全理性的参与者是"合作厌恶者"，在模型中，这样的参与者可以被称为"非合作者"，而那些带有感情色彩的参与者，虽然是非完全理性者，但却是博弈的"合作者"。

越理性的人越显得冷漠，一方面理性者不相信情感能解决问题，另一方面，正如上面显示的，理性者因为更相信自己做出的判断，他们不会人云亦云、随波逐流，但也不会轻易相信别人的判断和观点。这的确令理性者丧失了很多与人合作的机会，但是他们本人却并不认为这是值得惋惜的事，也许"囚徒困境"的存在能令那些坚定的理性者改变一下自己的做事风格。

按照海萨尼转换后的贝叶斯博弈，我们知道只要博弈双方的类型在一定概率之上为"非完全理性"的时候，双方就有了选择合作的机会。按照阿克塞尔罗德的计算机联赛结果来看，这种合作的机会的确很多。

KMRW因此证明了一个定理：在足够多次的有限重复囚徒困境博弈中，如果博弈方都有非理性的可能（显然这是针对完全理性参与者的假设而言的），即博弈方是非理性的概率大于零，那么总会在某一次博弈之前的所有博弈阶段里，所有的博弈方都选择"否认"的合作解，而在这一次博弈之后的阶段里，博弈方转而选择"坦白"的不合作解。但是，要强调的是，这一发生转变的博弈阶段与博弈次数没有关系，而只与博弈方是非理性的概率有关。

简单解释一下，只要博弈方是理性的，那么合作解不会出现，如果有一方或两方都是非理性的，那么他们将在前期达成合作的解，并延续到一个阶段为止，但是这个截止的阶段并不是由逆向归纳法的倒推得来的一个快接近尾声的理性选择的结果，而是与双方的"非理性"程度有关，如果双方都是义气为重的人，当然就会因为前面的长期合作而继续合作下去，直到最后一次。所以说，什么时候选择"不合作"，与博弈的次数没关系，只与参与者的"非理性"程度有关系。

而实际上，一个完全理性者并不一定没有别的办法与其他人达成合作的可能。这是因为理性者有时候会假装成不完全理性的样子，这也许可以称得上是"扮猪吃老虎"的博弈论版本？而一个真正聪明的人并不总是表现得很"聪明"，相反，更多的时候这个真正聪明的人显得"很傻很天真"，笨笨的样子，那是因为他知道这样才能获得更多的收益。而那些自作聪明或者自以为聪明的人，因为他们的"聪明"太过直接，以至于处处受"笨人"的掣肘，反而得不到什么便宜了。

这是不是说一个所谓的真正的聪明人其实就是一个最虚伪的

家伙？在某种意义上，至少是根据上面的分析，恐怕这个结论是有一些道理的。但如果这种"虚伪"只是要给大家带来更多的利益，而不是伤害任何人的时候，大家是不是又会觉得也很"实在"呢？

而那些一身毛病的"坏人"要是能得到一些令自己"虚伪"的机会，也许反而会给大家带来益处，这个"坏人"因此变得有点"好"起来了也未可知。当然，这个"坏人"也要具备一个条件，他至少要能分析长期利益，那么就需要他有一定的分析能力，而分析能力需要理性思维。综上所述，我们可以得到这样的几个推论：一、理性的人要么是好人，要么是隐藏较深的坏人；二、理性的坏人在一个受到鼓励的环境里转变为好人的几率很大；三、理性人不一定非常聪明，因为他可能是个教条主义者，那么他就可能丢掉很多长期利益；四、由以上三条可知，是否理性与好坏及聪明与否没有对应关系。这几条推论对于了解波谲云诡的中国股市的人来说是非常好理解的。

当"情感"进一步渗透到"理性"中时，我们可以发现"囚徒困境"的新情况。

有时候我们会觉得，完全理性的人几乎更像一个不可理喻的人，他们的行事被别人视为"怪异"，这是可以理解的。的确，人毕竟还是情理交织的人，单纯的理性必定会显得不那么令人接受，这样的人也会显得缺少了人情味，不管他做的事是对是错、是好是坏。

但是"情感"因素在多大程度上能帮助我们解决囚徒困境呢？

关于人与人，孔子曰："己所不欲，勿施于人。"我不愿听别人的赞美，所以我也从不赞美别人。我不愿别人帮助我，所以我也不帮助别人。是这个意思吗？也许有人"不欲"接受别人的赞美，但大约没人"不欲"得到别人的帮助吧？我们不能过于简单理解古人的语言。这句话的意思不妨理解成："自己能设身处地地将自己置于他人的境遇之中"，并以此作为自己依照"己所不欲，勿施于人"的原则行事的背景。如果你"落井"了，不愿别人"下石"，那么在别人"落井"的时候，你也不要去"下石"就好了。

但是这种"设身处地"的能力会随着双方理解程度的降低而减弱，中国人之间尚且会因为地域相隔较远而引出种种误会，更何况远隔重洋的大陆居民们之间，自然更缺乏相通的基础。与之相反的情景正应了"远亲不如近邻"的老话（现代都市是否应该例外？因为此处虽无"远亲"，似乎也无"近邻"），换句话说，情感的基础在于环境的相似，一家人的生活、成长环境最为接近，所以亲人之间的情感最深。地域上的远近决定的情感异同也在于生活的大环境、小环境，愈接近愈相通。

我们划分不同的情感状态的目的当然是为了继续解决囚徒困境，显然，不同的情感状态在解开囚徒困境中的作用是大不相同的。

可以设想，当两个被置于"囚徒困境"中的参与者在具备情感基础的时候，他们不会轻率地仅仅利用自己的理性思维来决定自己的策略选择，他们必须考虑自己选择"坦白"而背叛自己同伴的行为可能带来怎样的结局。显然，从法官那里得来的"坦白从宽"的"好处"未必能弥补实际上的损失。反之，如果两个敌对国的公民被困在"囚徒困境"中，那么结果可能不仅是自己"坦白"，甚至会额外地"揭发"一些对方莫须有的罪过。最为中立的两个毫无关系的参与者,几乎没有合作解决"困境"的愿望。当然,前提是他们并非自愿地"合作"进入这一"困境"。

  当信息不完全的时候,参与者必须依据各方面支离破碎的信息片段建构一个模糊整体博弈模型的轮廓,这也就是概率进入参与者筛选、判断策略的一个非理性化解释。而这些破碎的信息可能是要自己多方努力才能得到的,也可能是对方直接展示出来的,当然,对方的目的是让你更清楚,不要尝试着去动对方的奶酪。

3　信号博弈

信号的发送和接受具有不同的角度,也会得到不同的判断。

在讲到连锁店的高成本和低成本时,我们利用海萨尼转换和贝叶斯博弈分析了可能的情况。如果此时日盛忽然在市场上开始扩充店面,或者抛出大降价一类的销售策略,这一信号似乎想让试图进入这一市场的企业意识到日盛属于低成本的类型。而"美味判断日盛为低成本时,选择退出",那么这些信号实际上是日盛对新来者的警告:"我有足够的实力阻击任何一个新来者。"反之,如果日盛逐渐收缩自己的店面,或者退出若干地区的市场,这些信号无疑让新来者看到日盛的某种"衰败"迹象,我们当然也可以据此认为日盛的成本过高,在现有的利润之下,已经有些力不从心了,那么"美味判断日盛为高成本时,选择进入",而"日盛属于高成本的情况,日盛的最佳选择是容忍"。信号就是这样令参与者找到了自己的博弈方式。

正如在桥牌中,通过叫牌传递自己手上的牌的状况,并通过同伴以及对方牌手的表现来决定自己一方要选择的策略,到底是"防守"(由对方坐庄)还是"进攻"(自己一方坐庄)。

其实在斗鸡博弈中也可以出现信号传递。如果其中的叨叨以嘹亮的鸣叫声震慑了啄啄,那么(叨叨进,啄啄退)的均衡就出现了，当然前提是啄啄没被吓得动弹不得。叨叨通过鸣叫其实是传递了自己是"凶猛"类型的信号，正如常见的街头吵闹中，往往是声音大的、气势凶的战胜。但实际上，我们知道声音大、气势凶这些外表特性并不能决定在战斗中的胜败，只是作为常识，这些信号传递出"凶猛"类型的信号。但"凶猛"与"温和"类型的支付是不同的，温和地退却对于温和的参与者来说并不单纯地意味着失败，这在之前已经分析过，不再重复。

关于信号传递，最早是斯宾塞（Andrew Michael Spence）在1973年和1974年提出来的。1973年，年仅30岁的斯宾塞在《经济学季刊》(*Quarterly Journal of Economics*)上发表了一篇题为"劳动力市场信号"（Job Market Signaling）的文章，其中构造了一个模型，名字叫做"劳动力市场模型"（Job-market Model），这一模型成为信号博弈的开创之作。我们就来看看斯宾塞的信号博弈模型——劳动力市场模型。

这个模型是讨论雇主与雇员之间如何根据能力制定工资。雇员的能力有高低之分，雇主明白能力高的工资高，能力低的工资低，但是一个人的能力没有写在脸上，雇主如何分别呢？问题也可以改成这样：有什么办法能把两者分离开来呢？

在斯宾塞的模型中，这个用来分开两者的因素是教育。接受教育要支付相应的成本（这与某一社会是否推广义务教育无关，它只是作为一个分离的条件），而不同能力的人接受同等教育所要支付的成本不同（很明显这与实际的教育体制不是一回事），正因为成本不同，是否接受教育才能作为分开高能力和低能力两种人的标准。雇主也因此可以将接受教育与否看作有关能力高低的信号,从而据此决定雇员工资的高低。

首先,我们要重新看待这里的"教育",它不是我们日常知道的学历、学位,而仅仅是用来区分能力高低的一个因素。接下来,就能明白,既然如此,教育本身是没任何意义的,而且还要花费成本,那么,在完全信息的状况下,还有人自愿接受教育吗?没有了,因为雇主知道雇员的真实能力,又因为工资是与能力相关的而不是跟接受教育相关,所以,雇主会给高能力的人高工资,低能力的人低工资,就这么简单(模型只区分两种能力,对应两种工资)。雇员无须假模假样地去接受教育做做样子,那不过是画蛇添足,而且还要损失掉接受教育花费的成本。额外说一句,此时雇员考虑的不是就业问题,而是如何让雇主将工资与自己的能力对应起来的问题。

但在劳动力市场是不完全信息的状况下,雇主不知道雇员的能力,所以需要通过分离条件来判断。我们一起看看谁会选择接受教育。能力高的人意味着他能较容易地获得所需的教育程度,而能力低的人较难获得所需教育,即同等教育下高能力的教育成本低于低能力的。

在这种情况下,高能力者选择接受教育,低能力者选择不接受教育。雇主正是凭借这一点来区分雇员能力的高低,从而对选择接受教育的雇员发高工资,对选择不接受教育的雇员发低工资。

有人也许会有疑问,既然雇主是这样判断雇员能力高低的,那么低能力的雇员也可以假装选择接受教育以便拿到高工资,为什么会老实巴交地默认自己是低能力者呢?我们带入一组简单的数据就一目了然了。如高能力者达到教育程度 J_1 花费成本 0.3,工资增加1，那么他的支付整体增加了0.7，非常划算；而低能力者达到教育程度J_1要花费成本1.2，工资也是增加1，那么他的支付整体减少了0.2，得不偿失。教育成本的差距正是体现两者能力高低的分离线。

如果不考虑将高低能力两者分离开，而是简单地混为一谈，即大家都拿平均工资，那么高能力的雇员因为不满意与自己能力不相称的所得，他可能会选择离开也可能选择怠工，这对于雇主来说都是损失，而那些低能力的雇员因此获得超过自己能力所应得的报酬却无法付出有效的回报，因为即便这些低能力的雇员更加努力地工作仍然无法达到超越自己能力范围的效果，如果他们能够超越，就应该把他们视为高能力者了。所以，混淆两者的差别对雇主来说不是什么好事。

刚才说过，接受教育与否本身没什么意义，仅仅作为区分高低能力者的一个标准。但事实上，接受更多的教育的确能提高受教育者的能力或者受教育雇员的劳动效率，那么接下来加入这一因素，考虑教育本身具有附加价值的情况下，这一模型的博弈。

当教育可以带来更高的劳动效率时，雇主当然希望雇员接受教育，并打算为此支付更多的薪酬。不过对于低能力和高能力两种类型的雇员来说，接受教育的程度并不是越高越好，因为上面的分离条件仍然是有效的。随着教育程度的增高，低能力者所要付出的成本也越高，而高能力者的成本要低。可以这样理解，对应两个层次的教育水平J_1和J_2，雇主愿意支付的相应工资是G_1和G_2，对于低能力者来说，将自己的教育水平从J_1提高到J_2所增加的成本要大于从G_1到G_2增加的薪酬。而对于高能力者而言，教育水

平从 J_1 达到 J_2 所费成本要小于从 G_1 到 G_2 增加的薪酬,那么雇主正是通过这样的差异将两类雇员区分开来。同时,因为 G_1 高于不接受教育时的工资,因而雇员是有接受教育的积极性的,只是到什么水平划分了两种能力的人。

这种根据雇员接受教育水平来判断其能力的办法是一种信号博弈,教育水平作为信号传递了雇员的能力。

以上分析的劳动力市场博弈的顺序首先是从雇员出发,通过选择是否接受教育,以及接受教育的程度,雇主通过观察雇员们是否接受教育,以及接受教育的程度来决定要支付的工资。这一过程称为信息传递(signalling)。

这其中有一个很明显的道理是,雇员可能达到的教育水平与雇主制定的工资水平直接相关,不同的一组工资决定了不同的分离标准,即决定高、低能力者在什么地方分离。在斯宾塞之后,经济学家们继续深入研究劳动力市场的模型。考虑在劳动力市场模型中还有一种相反的博弈顺序,由雇主首先提出若干与教育水平对应的工资标准,雇员则根据自己的情况选择相应的条件,这一过程称为信息甄别(screening)。

在现实中,可以利用简化后的实例简单地作为这两种博弈模型的案例。企业单位与应聘者类似信息传递模型,事业或行政单位与应聘者类似信息甄别模型。商品买卖是信息传递模型,保险或某些代理服务是信息甄别模型等等。

劳动力市场模型的提出者斯宾塞,这位生于美国,长在加拿大,曾在牛津、普林斯顿、哈佛获得学位的年轻人,最终正是凭借在不对称信息市场分析方面所做出的开创性研究与另外两位经济学家共同走上了 2001 年诺贝尔经济学奖的领奖台。

随着近年来就业问题越来越成为全社会关注的话题，高等教育的口子越开越大，抱着种种期待的学子们蜂拥而入，大有饥不择食的架势，从本科生到博士生似乎都很热门。要想达到不断扩招的目的，门槛就必须越降越低。如果按照劳动力市场模型中的基本假设，这就意味着低能力者为获得较高的教育水平所支付的成本不仅没有高于高能力者，而且大有更低的趋势，这种结果类似一直以来吵得沸沸扬扬的房地产绑架了中国经济的现象——低能力者绑架了中国教育。

这种混淆了不同类型的教育结果只给用人单位一个选择，那就是寻找混合均衡的解，将不同类型的员工按照平均类型看待。这样做的不利影响在讨论劳动力市场模型时已经提到，"高能力的雇员因为不满意与自己能力不相称的所得，他可能会选择离开也可能选择怠工，而那些低能力的雇员因此获得超过自己能力所应得的报酬却无法付出有效的回报"。

一国一地的教育之于一国一地的未来的长远而深刻的意义当然不是这个博弈模型所能涵盖的，它仅仅是从很小的一个方面揭示了当前教育存在的问题。我们也不谈论教育制度的大问题，仅仅是把这一现象作为可说的案例之一。

第六章
理性：结语

兵者，国之大事，死生之地，存亡之道，不可不察也。
　　　　　　　　——孙武

何为理性？

《新华字典》上这样解释：理性，把握了事物内在联系的认识阶段，也指判断和推理的能力。作为认识阶段，理性显然是区别于感性的。此时感性是指对经验性的、事物表面联系的认识，而理性要更接近本质。这种说法要求哲学依据，比如马克思的学说。后面的解释"也指判断和推理的能力"，说的是逻辑性，判断推理的能力强意味着逻辑思维能力也较强。

博弈论中没有要求参与者是学哲学的，虽然博弈论本身同样是在探讨各种可能事物之间的关系，所以博弈论中的参与者的目标并不是追求探讨事物的本质，而是以具备后一种含义（即逻辑思维能力）为标准。这时具有逻辑思维能力的参与者追求的目标是利益最大化。这样的理性参与者才是博弈论中的博弈方。

不过有一个问题是值得讨论的。当参与者的情感因素略有增加时，很容易发现，这些参与者始终具备逻辑思维能力，并没有因为增加了情感因素而减弱，那么增加这个情感因素做什么用呢？其实，这个情感因素是令博弈模型更加接近现实状态，但并没有因此降低参与者的博弈能力，无论是其判断推理的能力还是追求利益最大化的目标。

增加情感因素的目的往往是为了解决现实中利益无法最大化的问题，如囚徒困境、朋友博弈、颤抖手理论等等。这正是理性的参与者可以反思自己行为的能力，并将获得更加长久的利益最大化作为目标。

博弈论的参与者在英语中被描述为 rational players，rational 的英文解释是 using reason or logic in thinking out a problem，也指 capable of logical thought，显然这都是强调逻辑思维和推理能力的。

如果可以通过文学作品来理解理性与感性，当然莫过于英国人酷爱的简·奥斯汀来得直接，她的《理智与情感》出版于 1811 年，风靡了近两百年，以至于当李安 1995 年将其再次搬上荧幕时，还是受到了大家的广泛认可，当然这也出自李安的功力。其实人们不可能，也没必要把自己塑造成一个完全理性的人，就像博弈论里要求的那样，但是却可以学会理性的思维方式，增长理性的思维能力。何况理性与感性原本就是人类两种相生相伴的思维和行为方式，绝无高低之分，而有相补之实。虽说理性的思维能力需要训练才能具备，其实感性不加以启迪也会被埋没。

而我国兵家的经典之作——《孙子兵法》更是将理性与感性相融一体的典范。书中虽然严谨细致地分析各种战胜对手的战略战术，但是人的因素始终是其出发点，这种刚柔相济的方式要远比单纯地强调一方面显得更加符合人类的本性和本心。

总之，博弈论中强调理性与否终归是为了人类社会的发展更加有益，而不会是、也不该是为了理性而理性。

后　记

博弈不仅是一种技巧，更是一种艺术！

其实有趣的博弈故事远不止在书中所列举的。不过本书在前言中就说明，我们不是试图多看几个有趣的例子，而是要较系统地介绍一下博弈论的基本理论和方法，既然这个目的已经完成，再多些例子的必要性就大大降低了。因为现实中的例子无处不在。比如，当前图书市场的状况就像旧车市场模型一样。

旧车市场模型是说在二手车市场上，因为买者和卖者之间信息不对称，即处于不完全信息状态下，那么买者只能按照市场的平均价格支付，这样一来性能较好的汽车主人就不愿售卖了，结果市场上只有低于平均价格的二手车，于是价格进一步下降。这就是劣车对好车的挤出效应。

图书市场同样如此，因为读者无法通过先购买自己所需的所有书籍，然后再加以区分，而是面对大量的同类图书无从选择。虽然明知道必然是良莠不齐，却只能按照平均价值来判断。大量东拼西凑的书籍因为所支付成本低于平均价值而获利甚丰；精心写作的著作虽然质高，却因时间、精力等方面的原因而必然量小，但结果在市场上也只能获得平均价值。对于出版机构来说，理所当然地更倾向于速成品，而对作者而言，要么撰写速成品，要么坚持质高量小价低的窘境，这就是图书市场中劣书对好书的挤出效应。

不胜枚举的博弈案例其实在大家掌握了这方面的思想之后，几乎可以说是随处可见。更重要的是，能否认真对待它们，分析其中的来龙去脉，如果可以做到，那么"博弈"水平的提高当然也是再自然不过的事。

文中的有些章节里我们得到一些诸如"性格决定命运""态度决定成败"这类结论的博弈论微观解析，其实博弈论的确可以视为经济学的微观基础（学过经济学的人理应感受更深），它令人们更加细致地看到众多事件的运动轨迹。

冯·诺伊曼和摩根斯顿在《博弈论与经济行为》的第一版序言中提到：我们的最初目的是希望证明，研究如下问题的精确方法是存在的：利益的一致与对立、完善和不完善信息、自由的理性决策或机会因素的影响。而书中说的精确方法主要就是指数理逻辑，并且《博弈论与经济行为》首先讨论了数学在经济行为中应用的必要性。可见当时反对将精确的数学用于复杂的经济学（如不确定的人的因素和心理因素）的确是大有人在。可是谁曾说过自然科学是不能施于社会科学的呢？

虽然，在数学家的眼里博弈论是作为数学的一个分支，不过，众多博弈论专家获得了诺贝尔经济学奖，这实际意味着博弈论用于研究经济学的成功，那么可以说冯·诺伊曼和摩根斯顿试图在深层意义上连通自然科学与社会科学的意图基本实现了。不过博弈论中还有众多问题并未得以解决，我们期待更多富有智慧的头脑加入进来，令其达到一个新的高度。

另外，书中有些内容出现在普及读物中会显得过于繁琐和深奥，比如混合策略的计算，以及混合策略纳什均衡解与贝叶斯博弈均衡解之间的关系等等，其实如果兴趣浓厚到这个程度的读者大概已经打算继续深入研究下去了，那时自然会有更多的专业书籍进入你们的视野，也不必在这本书里找寻线索了。

如果具备阅读这本书的两个条件的读者的确因为阅读本书而获得了兴趣上的满足和理论上的进步，那么我们都要感谢这本书的编辑和出版社，是他们给了我们彼此实现心愿的机会和可能。

这本书出版了六年多的时间，从理论层面而言，并没有重大的变化，尤其是基础知识部分。书中有些案例有一定的时效性，但细究起来其实案例都存在这个问题。经典案例与简单案例的区别其实就是典型性的问题，而书中的案例基本符合"经得住考验"这个要求。在重版的修订过程中，我又补充了一些能帮助大家理解的文字，并删减了一些显得冗长多余的句子，希望能给爱思考和对博弈论感兴趣的朋友们带来一些帮助和启发的同时少一些阅读的累赘。

孟云剑

2017 年 6 月 23 日

参 考 文 献

1. 俞樾(清代)著.右台仙馆笔记.山东：齐鲁书社,2004.
2. (美)冯·诺伊曼(John Von Neumann),(美)摩根斯坦(Oskar Morgenstern)著,王文玉,王宇译.博弈论与经济行为.北京：生活·读书·新知三联书店,2004.
3. Robert J. Aumann, Michael Maschler. Game theoretic analysis of a bankruptcy problem from the Talmud. Journal of Economic Theory. 1985: Vol. 36. pp. 195-213.
4. 司马迁(西汉)著.史记.北京：中华书局,1982.
5. 谢识予著.纳什均衡论.上海：上海财经大学出版社,1999.
6. (美)约翰·纳什(John F. Nash)著,张良桥,王晓刚译.纳什博弈论论文集.北京：首都经济贸易大学出版社,2000.
7. John F. Nash. Equilibrium Points in n-Person Games. Proceedings of the National Academy of Sciences.1950: Vol.36.pp.48-49.
8. John C. Harsanyi. Games With Randomly Distributed Payoffs: A New Rationale for Mixed Strategy Equilibrium Points. International Journal of Game Theory.1973: Vol.2.pp. 1-23.
9. (法)让-雅克·卢梭(Jean-Jacques Rousseau)著,李常山译.论人类不平等的起源和基础.北京：商务印书馆,1962.
10. (英)肯·宾默尔(Ken Binmore)著,王小卫,钱勇译.博弈论与社会契约(第一卷)公平博弈.上海：上海财经大学出版社,2003.

11. (美)丹尼斯·C.缪勒(Dennis C.Mueller)著,杨春学等译.公共选择理论. 北京:中国社会科学出版社,1999.
12. 朱幼棣著.后望书.北京:中信出版社,2008.
13. Garrett Hardin. The Tragedy of the Commons. Science, 1968: Vol. 162. pp. 1243–1248.
14. ReinhardSelten. Re-examination of the Perfectness Concept for Equilibrium Points in Extensive Games. International Journal of Game. 1975: Vol. 4. pp. 25–55.
15. (美)哈罗德·W.库恩(Harold W. Kuhn)编著,韩松等译.博弈论经典.北京:中国人民大学出版社,2004.
16. Harold W. Kuhn (editor and author). *Classics in Game Theory. Princeton*: Princeton University Press, 1997.
17. (美)朱·弗登伯格(Drew Fudenberg),(美)戴维·K.莱文(David K. Levine)著,肖争艳,侯成琪译.博弈学习理论.北京:中国人民大学出版社,2004.
18. (美)朱·弗登博格(Drew Fudenberg),(法)让·梯若尔(Jean Tirole)著,黄涛等译.博弈论.北京:中国人民大学出版社,2002.
19. 孟云剑著.非是非非——世界经典趣味悖论.北京:新世界出版社,2008.
20. Jrgen W. Weibull (author). *Evolutionary Game Theory*. Cambridge, Massachusetts: The MIT Press, 1995.
21. (美)周策纵著,陈永明等译.五四运动史.长沙:岳麓书社,1999.
22. Herbert Simon. A Behavior Model of Rational Choice. Quarterly Journal of Economics. 1955: Vol. 69. pp. 99–118.
23. (法)让-雅克·拉丰(Jean-Jacques Laffont)编,王国成等译.经济理论的进展:国际经济计量学会第六届世界大会专集.北京:中国社会科学出版社,2001.
24. (美)罗伯特·吉本斯(Robert Gibbons)著,高峰译.博弈论基础.北京:中国社会科学出版社,1999.
25. (加)马丁·J.奥斯本(Martin J. Osborne),(美)阿里尔·鲁宾斯坦(Ariel Rubinstein)著,魏玉根译.博弈论教程.北京:中国社会科学出版社,2000.
26. (美)戴维·M.克雷普斯(David M.Kreps)著,邓方译.博弈论与经济模型.

北京：商务印书馆,2006.

27. John C. Harsanyi. Games with Incomplete Information Played by "Bayesian" Players：Part Ⅰ The Basic Model.Management Science.1967：Vol.14.pp.159－182.
28. (美)约翰·海萨尼(John C. Harsanyi)著,郝朝艳等译.海萨尼博弈论论文集.北京：首都经济贸易大学出版社,2003.
29. 张维迎著.博弈论与信息经济学.上海：上海人民出版社,上海三联书店,1996.
30. 罗云峰主编.博弈论教程.北京：清华大学出版社,北京交通大学出版社,2007.
31. 汪丁丁主编.新政治经济学评论(第一卷第二期).上海：上海人民出版社,2006.
32. Andrew Michael Spence. Job Market Signaling. Quarterly Journal of Economics.1973：Vol. 87.pp.355－374.
33. (美)艾里克·拉斯缪森(Eric Rasmusen)著,王晖等译.博弈与信息：博弈论概论.北京：北京大学出版社,三联书店,2003.
34. (美)罗杰·B.迈尔森(Roger B. Myerson)著,于寅,费剑平译.博弈论：矛盾冲突分析.北京：中国经济出版社,2001.
35. (德)莱因哈德·泽尔腾(Reinhard Selten)著,黄涛译.策略理性模型.北京：首都经济贸易大学出版社,2000.

图书在版编目(CIP)数据

错误的正确：妙趣横生的经典博弈 / 孟云剑著. ——上海：文汇出版社,2018.4
ISBN 978-7-5496-2459-1

Ⅰ.①错… Ⅱ.①孟… Ⅲ.①逻辑学－通俗读物 Ⅳ.①B81-49

中国版本图书馆 CIP 数据核字(2018)第 038059 号

错误的正确：妙趣横生的经典博弈

著　　者 / 孟云剑

责任编辑 / 徐曙蕾
封面装帧 / 一亩幻想

出版发行 / 文汇出版社
　　　　　上海市威海路 755 号
　　　　　(邮政编码 200041)
经　　销 / 全国新华书店
排　　版 / 南京展望文化发展有限公司
印刷装订 / 启东市人民印刷有限公司
版　　次 / 2018 年 4 月第 1 版
印　　次 / 2021 年 4 月第 2 次印刷
开　　本 / 890×1240　1/32
字　　数 / 168 千字
印　　张 / 8.125

ISBN 978-7-5496-2459-1
定　　价 / 35.00 元